# 中国量化投资

QUANTITATIVE INVESTMENT IN CHINA

北京基金小镇研究院◎编著

中国人民大学出版社
·北京·

## 专家顾问

刘姝威　　中央财经大学中国企业研究中心研究员
郝如玉　　第十一届、第十二届全国人大常委、财经委副主任，中央统战部党外
　　　　　知识分子建言献策专家组财金组组长，北京市哲学社会科学国家税收
　　　　　法律研究基地首席专家
李　健　　中央财经大学金融学院教授、博士生导师，中国金融学会理事
瞿　强　　中国人民大学财政金融学院教授

## 编委会主任

李晓慧　　北京基金小镇研究院主任，中央财经大学会计学院教授、博士生导师

## 编委

刘宪来　　北京市环球律师事务所合伙人
陶进伟　　毕马威中国风险管理咨询合伙人
康　杰　　普华永道税务部北方区金融行业主管合伙人
王　伟　　北京市天元律师事务所合伙人
周　俊　　北京时代复兴投资管理有限公司总经理
张　卓　　北京卓识私募基金管理有限公司总经理
章　毅　　北京信弘天禾资产管理中心（有限合伙）总经理
何天鹰　　天算量化（北京）资本管理有限公司董事长

## 支持单位

九坤投资（北京）有限公司
宁波灵均投资管理合伙企业(有限合伙)
北京聚宽投资管理有限公司
北京安贤私募基金管理有限公司
北京丰润恒道私募基金管理有限公司

（以上排名不分先后）

# 前 言
PREFACE

在信息化的资本市场中,人们常常利用数据挖掘和分析来规避风险,但当A股市场出现日均"超万亿成交量"时,人们开始关注近些年快速增长的量化交易,并产生了对市场稳定性及系统性风险的担忧。那么,到底何为量化投资/量化交易?目前,量化投资及反映量化投资策略的量化基金发展到了何种程度?对市场趋势及监管手段又将产生何种影响?

为厘清人们对量化投资/量化交易的认识,北京基金小镇研究院以课题研究的方式组织行业专家历时半年潜心研究,并经北京基金小镇研究院委员会审定,发布《中国量化基金白皮书》。对投资者来讲,该研究作为资本市场投资者教育的通识读本,可帮助投资者建立一套成熟的投资理念,在变幻莫测的市场环境中,提升自我保护能力和投资实操的判断能力。对从业者来讲,该研究作为资本市场量化交易从业者规范指导手册,有助于提升从业者的理性和规范操作。对监管者来讲，该研究通过对现行相关政策的分析提出建设性建议，有利于监管机构完善相关政策法规，并实施有针对性的有效监管，以规范引导为主防范和降低量化基金风险，进一步促进量化投资在我国资本市场的健康良性发展，推动我国资本市场更有效地发挥优化资源配置的作用。

# 目录
CONTENTS

**第1章 科学认识量化投资与量化基金** 1
    1.1 量化投资：一种投资模式 1
    1.2 量化基金：量化投资策略的广泛运用 28
    1.3 支撑量化投资的理论与技术 42

**第2章 量化基金的发展及其影响因素** 47
    2.1 美国量化基金的发展及现状 47
    2.2 中国量化基金的发展及现状 57
    2.3 量化基金的市场风险及其影响因素 63

**第3章 量化基金策略的选择与运用** 76
    3.1 量化基金策略概述 76
    3.2 国内市场的主流策略 95

**第4章 量化基金的运营管理及风险控制** 122
    4.1 风险管理框架 122

  4.2 管理流程及风险控制 130

  4.3 风险管理工具 150

  4.4 报告体系 177

  4.5 数据与系统 181

**第5章 量化基金的政策研究及未来展望 188**

  5.1 国外量化基金监管政策分析 188

  5.2 中国量化基金相关政策分析 197

  5.3 基于国际监管经验的本土化建议 224

  5.4 量化基金发展展望 234

附录一 我国关于程序化交易的法律法规、司法解释及交易所业务规则汇总 239

附录二 常见量化基金运营的场内标准化产品收入的增值税影响汇总 242

附录三 资管产品销售额确认及相关法规介绍 254

# 第 1 章/Chapter One
# 科学认识量化投资与量化基金

## 1.1 量化投资：一种投资模式

### 1.1.1 对量化投资的界定

价值投资理论的创始人本杰明·格雷厄姆（Benjamin Graham）在其经典著作《证券分析》中指出，对股票的投资应当基于对股票内在价值的判断，股票的价值是由其基本面因素决定的[①]，这可以追溯至以基本面分析为代表的传统价值投资方法的源头。量化投资（quantitative investment）出现以前，投资分析师的主要工作即遵循

---

① GRAHAM B，DODD D L. Security Analysis. New York：Whittlesey House，1934.

该等基本面分析逻辑，结合自身经验对宏观经济发展趋势、行业和企业的兴衰交替等与公司相关的经济或金融因素进行分析，从而衡量证券价值、判断交易的品种与适当时机。"股神"巴菲特为其中的代表性人物，其秉持选择好的标的，在合适的时机买入并坚持长期持有的策略，这种策略受惠于经济稳定发展的红利，取得了显著收益。但在市场波动性较大的时段，单纯依靠人为的主观分析及价值判断，想要踩准市场节奏很难。随着科技的进步、网络技术的不断发展以及数理金融理论的极大丰富，孕育于学术象牙塔的量化投资逐步被传统金融理论界接受并在实践中不断发展演变。

严格来说，所谓量化投资及与之密切相关的量化分析、量化交易等概念，在海内外学术界或实践层面并没有权威的统一定义。

维基百科将量化分析（quantitative analysis）定义为数学和统计方法在金融及投资管理领域的应用，这一过程通常包括在庞大的数据库中寻找某种模式，如流动资产之间的相关性或价格运动模式（趋势跟踪或均值回归）等，并由此制定量化策略。弗兰克·法伯兹教授在其2008年出版的著作中则指出，通过市场信息和个人的投资经验判断来管理资产可称为基本面投资或者传统投资，如采用预先设定好的固定规则通过设计开发的计算机模型做出投资决策，可以被视为量化投资。[1] 这一定义立足于"预设规则"与"计算机模型"。事实上，海外量化投资的发展就是沿着数理模型的发展脉络而演进的。

---

[1] FABOZZI F J. Challenges in Quantitative Equity Management. CFA Digest，2008.

## 第1章 科学认识量化投资与量化基金

我国学界与实务领域对量化投资及相关概念的理解和表述也各有侧重并逐步细化。郭喜才（2014）将量化投资的特征总结为"模型交易"，同时关注其套利特性，认为量化投资就是从那些稍纵即逝的市场变化中寻求获利的计算机化交易，关键在于捕捉到主观无法利用的短暂价差来实现套利，并认为量化投资需要精湛的计算机编程技术，其主要以程序化交易的形式呈现[1]；丁鹏（2016）将量化投资概述为"一个利用计算机技术并采用一定的数学模型去践行投资理念、实现投资策略的过程"[2]；陈健、宋文达（2016）与谢东东（2018）对量化投资的定义具有一致性[3][4]，均强调完整的量化投资过程需包含如下步骤：第一，把投资者的投资理念或市场洞察转变为数学模型；第二，根据历史数据对数学模型进行验证总结，分析其中的获利方法；第三，利用模型对真实世界的情况进行模拟进而判断市场行为或趋势；第四，交由计算机自动做出具体的投资决策并实施交易。田汉卿（2016）认为，从投资方法来看，大致可将量化投资分为基于基本面的和基于算法的两大类；从投资标的的角度出发，量化投资可以投资于股票、债券、期货（商品和股指期货等）、货币、期权等不同的投资工具；从投资策略的角度出发，量化投资又可分为选择个券模型、宏观配置模型、择时模型和套利模型等；从投资持有期限来看，量化投资则可分为高频（日间）、短期

---

[1] 郭喜才. 量化投资的发展及其监管. 江西社会科学，2014（3）.
[2] 丁鹏. 量化投资：策略与技术. 北京：电子工业出版社，2016：56.
[3] 陈健，宋文达. 量化投资的特点、策略和发展研究. 时代金融，2016（29）.
[4] 谢东东. 量化投资的特点、策略和发展探讨. 时代金融，2018（27）.

（数天）、中期（1～3月）、长期（4～6个月或以上）等投资方式。[①]侯晓辉、王博（2021）认为量化投资是一种以数量化统计分析工具为核心、以程序化交易为手段的交易方式。[②]

尽管诸多学者试图从核心、要素、特征、投资过程、投资手段、标的及分类等多重角度定义量化投资，但并没有提出严格统一的概念。我们基于前人就其关键要素达成的一定共识，将量化投资定义为：量化投资的本质是数理统计工具在金融领域的运用，是投资者的定性分析与判断的数量化体现。其投资交易模式是：首先，结合统计分析方法及计算机高速处理数据的能力，从庞大的上市公司或证券交易的基本面和技术面历史数据中寻找能够带来超额收益的多种"大概率"事件或其他有价值的信息以制定投资理念或策略；其次，通过优化的参数及指标，将头脑中的投资理念或策略构建成数量模型，并用数量模型验证、调整、修正及固化这些规律和策略；最后，借助计算机算法或设计严格的程序，按照这些策略所构建的数量模型来指导交易决策，自动执行投资交易行为，以规避交易过程中主观判断可能产生的心理偏差。

## 1.1.2 量化投资的关键阶段

一个完整的量化投资过程如图1-1所示。

---

[①] 田汉卿. 量化投资与程序化交易. 清华金融评论，2016（2）.
[②] 侯晓辉，王博. 基于基本面分析的量化投资：研究述评与展望. 东北师大学报（哲学社会科学版），2021（1）.

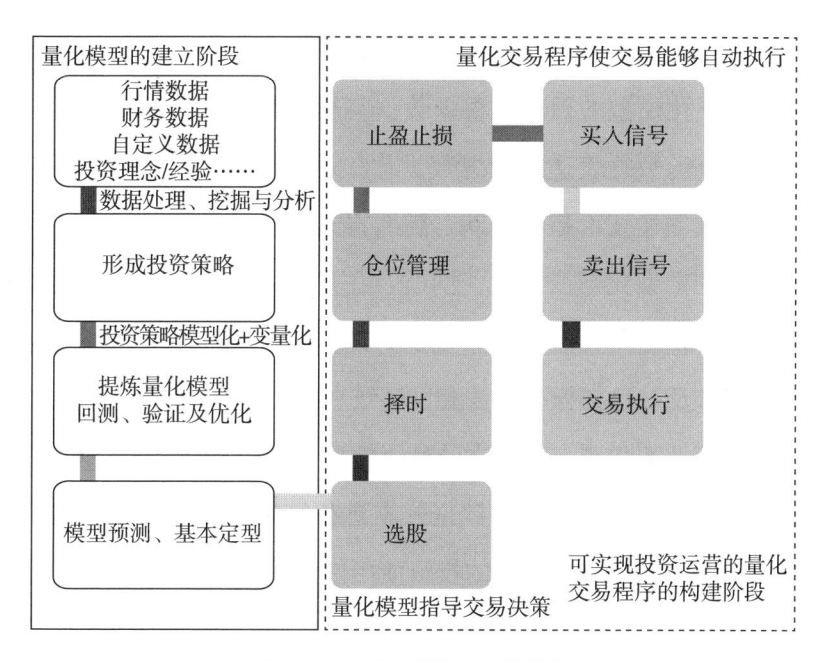

图 1-1 量化投资的关键阶段

1. 第一个阶段：量化模型的建立阶段

量化模型的实质作用是借助数理金融理论、统计学分析等量化技术，将抽象的投资理念转换为可计量和可比较的指标，通过反映金融产品价格与各类市场指标、技术指标及宏观经济指标等之间的数学关系变化来指导交易决策。量化模型中往往包含丰富的投资策略或理念，其实际形成过程也可能视策略复杂程度的不同而有所不同。量化模型建立的具体步骤包括：

（1）样本数据的分析与准备：利用计算机技术筛选市场历史数据形成样本数据集，对样本数据集进行深度分析并从中获取有价值的信息形成投资策略，以此作为构建量化模型的基础。

（2）量化模型的提炼：根据数据将投资策略量化和程序化，将含义不直观的数据表达的意思数量化。建模初期可以将投资策略用图形表示或创建技术指标反映，随后再选用合适的算法进一步实现投资策略的模型化与变量化。同时，在模型化过程中，需要利用样本数据集对初定的模型进行不断的训练、测试与优化，以便检验模型是否能够反映已知样本数据和已知结果之间的关系。

（3）模型的预测：已建立的量化模型经测试具备相当可靠性后，在已有数据之外，利用新的数据样本进行结果预测，以便检验模型功能，观察其是否具有普适的投资使用价值并可实际指导交易决策。

2. 第二个阶段：可实现投资运营的量化交易程序的构建阶段

该阶段的重点在于如何使用计算机"程序化"地实现基于量化模型的交易执行，包括交易指令/信号的自动发出及实施等。若严格而论，程序或算法在量化投资中的应用不仅限于构建量化交易系统及实现交易执行阶段的自动化与高效化，其在量化模型的建立阶段亦有体现。专业的量化分析员能够借助计算机技术及高级算法进行数据挖掘、处理、加工、提炼及验证运算，以完成数量化模型的构建、计算与优化。

## 1.1.3 量化投资的特征

实务中，将"量化模型"与"程序化"这两个概念结合后应用于投资领域，便是通常意义上的量化投资或量化交易。完整的量化交易系统/程序的结构框架如图1-2所示。

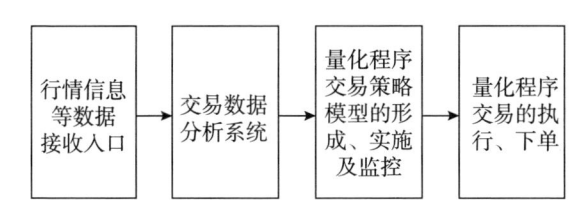

图1-2 量化交易系统/程序的结构框架

如果将基本面分析法、技术分析法等传统定性的投资方法类比为中医凭借主观经验和感觉寻找市场"痛点"、判断投资机会的话，量化投资模式则更像一种精细的西医模式，在投资运作前通过各种量化的"专业技术仪器"全面、精确地"扫描"市场，然后根据检查和扫描的数据结果形成投资决策。量化投资立足于数据，且离不开金融理论的高度数学化和快速发展的计算机专业技术。一方面，金融理论数学化的深入使得通过统计和定量方式研究资产价格走势成为可能；另一方面，计算机技术的高度发展助推了对海量数据的采集、挖掘、分析和利用，该等数据收集及分析方式能够显著增强统计上的可靠性。除此之外，计算机技术或程序对精准量化模型的构建与测试优化及更高效、快速、自动化的交易执行也发挥着不可忽视的作用。因此，量化投资主要体现出如下特点：

第一，依赖历史数据。量化模型需要在给定的时间区间内的历史数据条件下构建交易系统，因此需要使用大量的历史数据，并通过实盘来不断佐证、调整及优化模型。

第二，高效、准确地处理海量信息。如果市场中限定的股票数量仅为100只，那么基金投资经理或许能够很好地依据市场状况、行业趋势及自身经验等做出理想的投资选择。但在面对海量信息的前提下，机器或人工智能则能够实现更广的覆盖面，可以在众多股票中发现定价错误（被错杀、被低估）的个股，从而获取超额收益。此外，量化投资模式下覆盖的交易量较大，能够完成高频交易，且投资标的更分散、更全面，具备"不把鸡蛋放进同一个篮子"的风险分散优势。

第三，投资纪律性强。交易时可以严格执行数量化投资模型所给出的投资建议，减小由人的思维局限性和心理因素等造成的操作偏差。

### 1.1.4　厘清与量化投资易混的概念

由于量化投资缺乏学术及监管层面的严格定义，随着其理论及实践的丰富与发展，出现了量化投资与程序化交易、算法交易、高频交易等概念混用的情形，因此有必要对这些概念之间存在的重叠与差异进行厘清。

1. 程序化交易

程序化交易（program trading）是指一切通过既定程序或特定软件自动生成或执行交易指令的交易行为和技术。

程序化交易起源于美国纳斯达克出现的电子交易。[1] 其最早是由

---

[1]　刘鹏. 程序化交易的监管场域变化及规范化治理. 南方金融，2019（8）.

"篮子交易"或"交易组合"发展而来的。纽约证券交易所（NYSE）将程序化交易定义为含15只以上股票且成交额超过100万美元的一次性集中交易。芝加哥商品交易所则认定程序化交易是通过自动交易系统进行的交易，自动交易系统是一种以自动或半自动方式生成和发送指令到交易所电子交易平台的电子系统或计算机软件。[①]美国CFTC监管草案中将程序化交易定义为在交易决策、交易生成或交易执行过程中利用软件、硬件、网络等技术，通过电子交易平台高效地接入市场的交易方式。[②]

2015年10月，中国证券监督管理委员会在《证券期货市场程序化交易管理办法（征求意见稿）》中提及，"程序化交易是指通过既定程序或特定软件，自动生成或执行交易指令的交易行为"。虽然此管理办法并未正式实施，但该定义是在我国证券期货市场环境下认定程序化交易的重要参考。自2020年3月1日起正式实施的《中华人民共和国证券法》（以下简称《证券法》）第四十五条增加了程序化交易条款：通过计算机程序自动生成或者下达交易指令进行程序化交易的，应当符合国务院证券监督管理机构的规定，并向证券交易所报告，不得影响证券交易所系统安全或者正常交易秩序。第一百九十条规定了采取程序化交易影响证券交易所系统安全或者正常交易秩序的罚则。

尽管程序化交易的定义并未完全统一，但都大同小异，其核心

---

[①] 姜哲. 程序化交易的潜在风险和监管体系研究. 金融监管研究，2017（6）.
[②] 周照乘. 程序化交易发展及监管研究. 金融经济，2018（22）.

即利用程序（program）进行交易，通过将交易策略编写成计算机能够"读懂"的程序语言，让计算机代替人类成为不折不扣的交易决策者或执行者。相较于传统的人工操作的交易方式，程序化交易接入电子交易平台后借助预先设定好的程序对标的股票生成或执行买卖指令，程序对人为干扰因素的排除及迅捷的反应能力使其在面对复杂的市场形势时具有速度上的优势。随着金融衍生品的不断丰富，程序化交易成为机构投资者重要的交易实现手段之一，解决了机构迫切需求的批量下单、全市场不间断交易、降低冲击成本等问题。

但值得注意的是，程序化本身仅仅是一种技术，与交易决策相关的具体的交易时机、交易仓位、止损止盈获利标准可能包含在程序本身之中，也可能独立于程序之外，程序本身只是生成或下达交易指令的工具。

在某些情况下，程序化并非量化交易的必备要素，同样是借助数量化模型进行交易决策，量化交易在执行阶段也可以通过人工下单。事实上，在套利思想的引导下，投资者往往倾向于利用不同市场或不同时段的产品价格差异获取收益，而程序化交易比人工方式更能从稍纵即逝的市场变化中捕捉到人们无法利用的短暂价差，这一点在涉及庞大数据计算、分析、提炼及面向更广泛投资标的的量化投资中更是如此。尽管程序化交易不一定都属于量化投资，但量化投资在实践层面为实现最佳的效果往往都需要程序化交易的参与。

量化投资往往需要通过程序化的自动交易实现策略最佳效果、获取市场交易优势，但并非所有程序化交易都能称为量化交易。从这个层面来说，量化交易应属于程序化交易的属概念。需要明确的是，量化交易的本质是通过数理、统计学原理对历史数据进行优化分析，进而对原有策略产生的盈利起到削峰填谷的作用。①其更侧重的是投资理念与策略的发现、制定及相应投资理念的数量模型化，而并非仅限于使用计算机程序来进行最终交易的执行。既然量化重"模型"，程序化重"程序"，那么通过量化交易策略模型获得待选股票、确定买卖点之后完全通过人工手动下单的交易方式是否就构成完全脱离"程序"的量化投资了？这种观点确实与量化交易及程序化交易的关键属性相符，但在电子交易与计算机技术广泛应用的今天，即使是散户投资者也能够通过各类交易平台或软件完成标的股票的自动买入及卖出，这种纯粹的量化投资未免缺乏现实基础。

程序化交易在交易频率及利润创造速度方面具有双刃剑的作用。一方面，设定好的程序未必能够完全适应瞬息万变的市场环境，一旦出现漏洞只能事后发觉并修复；另一方面，程序化交易的迅捷在其出现滞后的时候也可能给投资者带来数倍的风险或损失，尤其是在市场尚未健全的时候，程序化交易容易受到监管部门的限制。从我国目前《证券法》的规定切入，较多借助计算机程序来自动进行交易决策并生成或执行交易指令的量化投资一般会落入《证券法》第四十五条界定的程序化交易的范畴。在市场完善的情况下，通过程序化交易能够大幅提升量化投资的效率，有利于量化投资策略的

---

① 马慧阳，程明皓. 我国程序化交易的监管制度探析：评新《证券法》第四十五条. 北京：北京大学金融法研究中心，2020.

研发。然而，近几年来，程序化交易频频出现各种错误操作，这也是程序化交易需要严格避免的问题。

2. 算法交易

定义算法交易，首先应明确算法（algorithm）到底是什么。美国证券交易委员会（SEC，简称美国证监会）将算法界定为"一种有限、确定、有效的解决问题的方法，适合用计算机程序来实现"。计算机程序与算法息息相关。如果说算法是对特定问题求解步骤的抽象描述，是解决问题的核心要素，程序则是为实现预期目的而将算法变得可由计算机实际操作的一系列语句和指令。换言之，算法可以类比为人脑中解决某个问题的清晰路径或方法，而程序将这种抽象思路具象化，是实现思路的具体代码。

算法交易目前并没有严格统一的定义，顾名思义，其应侧重于根据一条或多条算法进行交易决策或执行，算法即是交易的基础（trading logic）。欧盟将算法交易定义为"使用计算机提交订单并且将交易有关的信息设定在计算机的算法当中的一种交易方法"，欧洲证券监管委员会（CESR）则将算法交易解释为"基于计算机程序提交订单，根据市场因素对订单的参数进行设定的一种交易方式"，但这些定义似乎并不能将算法交易的概念与程序化交易明确区分开来。事实上，由于算法作为抽象的问题解决路径需要具象化到程序中才能实际操作并实现投资目的，因此算法交易一般都属于程序化交易，且算法交易概念的内涵覆盖的范围还要更小一些，因为算法交易的侧重点是具有相当算力的计算机算法，并依靠这套算法来做出交易决策和执行，但并非所有的程序化交易都具有独立的算法并可以依赖这套算法进行决策，很多程序反映的逻辑是机械的且不具有运用于投资的算法价值。

算法本身千差万别，难以一概而论。在狭义的算法交易中，算法指向特定限制范围内的算法，这类算法解决的问题是如何选择订单最佳的执行路径、执行时间、执行价格及执行数量。狭义的算法交易的应用逻辑在于：在流动性相对较差的时候大额订单可能会给市场的成交价格带来不可忽视的冲击，从而使订单最终的成交价格低于交易员的执行价格。狭义的算法交易会基于历史或当前的数据，通过预设的算法将交易员的大额订单适当拆分成小单，并在合适的时机分散交易，从而达到如下目的：（1）减少市场摩擦，有效降低交易的冲击成本；（2）通过设置特殊目的的算法，有效隐蔽交易行为、保护交易意图；（3）降低人工成本，提高执行效率；（4）根据长期实盘经验设置算法策略参数，充分应对市场异常情况，降低监管及合规性风险等。目前市场上主流的狭义算法包括时间加权平均价格算法（time weighted average price，TWAP）、成交量加权平均价格算法（volume weighted average price，VWAP）等。其中，前者以时间作为拆分订单的依据，将一笔大额订单均匀地分配在预定的时间段中进行拆分；后者则以成交量作为拆分订单的依据，先根据历史数据中每个时间点的成交量来推测未来时间点成交量的大小，再根据合理预测的成交量去分配拆单比例。

如果说狭义的算法主要侧重于交易的执行阶段（下单），广义的算法交易中的算法则并不存在限制范围，其包括目前已有的以及日后会创建的所有算法，可能体现在交易的决策阶段，也可能同时体现在交易的执行阶段。

3. 高频交易

高频交易（high-frequency trading）是一种采用高速度和高频率的自动化证券交易方法或策略。采用高频交易策略的机构并不以长期持有股票为目的，或者说并非传统意义上的价值投资。高频交易通过对市场数据的快速获取以及定量分析，在数据层面完成对股票量化价值的判断。随着数据指标的不断变化，高频量化模型也会在最短的时间内按照程序设定完成买卖操作。

目前，市场对何为高频的定义并不完全一致。简单以交易换手倍数来划分，交易换手在年化 150 倍以上的，可以暂且定义为高频。欧洲证券监管委员会将高频交易视为自动化交易的一种形式，其利用复杂的信息系统和计算机技术，以毫秒级的速度执行交易并且日内短暂持有仓位。[①] 由于高频交易在不同的市场适用于不同的资产种类，可能包含众多参与者、策略或法律安排，因此给其下一个精确的定义没有实际规制意义。我们可以通过如下主要特征对高频交易进行界定：

（1）软件层面：使用算法及与之相关的程序自动高速地做出交易决策，代替人工指导每一笔交易或者订单的产生、发出、执行及搜寻。

---

① 彭志. 量化投资和高频交易：风险、挑战及监管. 南方金融，2016（10）.

（2）硬件层面：着力于布局能够最大限度地减少网络或其他形式的延迟的基础设施，如主机同位托管或尽可能靠近主机位置、选取高速的电子线路接入交易平台等。

（3）由于为实现高频率而对软件及硬件设施有一定的要求，高频交易的实施主体几乎都是专业的机构投资者或交易公司。

（4）日内投资组合周转率和交易率非常高，高速的交易程序能够在几毫秒内实现对市场的反应，不断地处理信息并进行下单、撤单、订单修改等操作。

（5）持仓或清仓时间较短，且每个交易日末基本都处于接近平仓的状态，几乎没有隔夜持有的风险。

总之，高频交易意味着每次交易从开仓到平仓只有很短的时间间隔，一般从几微秒到十几分钟不等，几乎没有隔夜持有的风险，其本质在于利用高频率的交易来捕捉正常情况下无法利用的短暂市场价格波动并从中获利。但对于高频交易是否能够广泛使用并从中获取超额收益，需要结合当前市场的实际交易情况来看。如自2022年以来，市场上大多数的量化交易降频到100左右，中高频成为主流（过去几年实际上也是以中高频为主流，真正的高频对于硬件与软件设施的要求极高，容量一般较小，难以大规模推广）。另外，从收益表现来看，高频交易并不一定能带来超额收益。

对于高频交易来说，专业交易者系借助更快的信号传输速度以便在交易两端比其他普通市场竞争者更快、更早地获取各类市场信息，然后基于这些信息更优先地做出交易决策并下达交易指令。蔡天霄（2019）将高频交易比喻为"一场无休无止的取消和发送订单的欺骗和竞赛，有时甚至是为了让他人慢下来"[1]，这种说法可能有些片面，但也反映出高频交易的突出特征，即利用速度、高交易频率、高资金周转率来占据交易优势。

2011年，国际证监会组织（IOSCO）针对高频交易给出了六条识别标准：使用复杂的技术手段，会使用包括做市、套利在内的多种交易策略；高频交易是一种高级的数量工具，在市场分析、选择交易策略、最小化交易成本、执行交易等整个交易过程中会用到算法；日内交易频繁，大部分订单最终会被取消；隔夜头寸数量很少甚至没有隔夜头寸，以避免发生隔夜风险，减少占用的保证金；使用高频交易的多是自营交易商；高频交易一般会采用电子直连方式（direct electronic access）或将其服务器架设在更靠近交易所服务器的位置，即邻近服务（co-location）。[2]

4. 易混概念小结

综上所述，量化交易、程序化交易、算法交易及高频交易这几个概念既有区别又有联系（详见表1-1）。它们从不同的角度对计算机作为执行者参与其中的电子化自动交易进行了描述，尤其是量化交易往往可以被视为设置数量化模型及参数的特殊的程序化交易，且高频交易是量化投资过程中广泛采用并能从中获取超额

---

[1] 蔡天霄. 我国高频交易的监管改进：来自欧美的经验启示. 上海：华东政法大学，2019.

[2] 刘春彦，赵雯佳，王乙童. 程序化交易监管的国际经验及中国的制度构建. 证券法律评论，2016（1）.

收益的重要策略。

表 1-1 易混概念对比

| 交易类型 | 量化交易 | 程序化交易 | 算法交易 | 高频交易 |
| --- | --- | --- | --- | --- |
| 核心特征 | 投资理念与策略的发现、制定及相应投资理念的数量模型化。 | 利用程序进行交易，计算机代替人类成为交易决策者或执行者。 | 根据一条或多条独立、有相当算力的算法进行交易决策或执行。 | 利用高频率的交易来捕捉正常情况下无法利用的短暂市场价格波动，高速度、高交易频率、高资金周转率。 |
| 区别与联系 | 程序化交易的下位概念，量化投资往往需要通过程序化的自动交易实现最佳效果。 | — | 程序化交易的下位概念，算法作为抽象的问题解决路径需要具象化到程序中才能实际操作并实现投资目的，但并非所有的程序化交易都具有独立的算法并可以依赖这套算法进行决策，程序仅是一种技术而非理念。 | 与算法、程序化交易密切相关：为达到高频交易所需的标准，这类交易一般通过算法或程序进行；量化交易中的一种常见策略，量化交易往往还包括低频交易、中频交易。 |

（1）高频交易与程序化交易/算法交易。速度对于高频交易而言至关重要，纯人工的交易速度在实际操作中很难达到高频交易所需的标准，远不如计算机程序自动下达指令来得便捷和快速，所以这类交易一般通过算法或程序进行，这成为高频交易与程序化交易及算法交易在概念上的重合点。一笔高频交易的成功实施至少包含产生高频交易信号及优化交易执行两类算法，设置好算法之后，由下单程序或软件予以执行。但值得注意的是，就狭义的算法交易来说，

持仓时间往往持续数天且交易方式为拆分大单，因而与通常具备低隔夜持仓、高报撤单频率、高建仓平仓频率、高换手率等特点的高频交易存在显著差别。

（2）高频交易与量化投资。高频交易与量化投资相互交叉。首先，量化投资根据其交易频率可以分为低频交易、中频交易及高频交易，无论是采用何种策略模型的量化交易，只要速度达到、符合其特征就可以称为高频交易，且高频交易通常作为量化基金广泛采用的策略。其次，很多高频交易并非由有量化背景的人员执行，而是由传统的交易员执行。此外，偏重于高频交易的量化投资策略会更加注重硬件保障、减少时间延迟等相关问题，如前文所述，为此交易者通常会采取与交易所就近连接，缩短和证券交易所的交易距离，甚至直接进行主机托管，并且通过提高通信速度或铺设专有光纤网络等各种措施，以实现延迟最小化。

总之，需要厘清的是：量化的核心在于以数理统计的方式寻找交易规律、制定数量模型固化交易策略，程序化侧重于通过"程序自动化"而非手动方式实现和执行交易，算法是作为程序核心要素的交易步骤与策略，高频则更加适用于形容交易执行的频率和信息传输的速度。

### 1.1.5 消除对量化投资的误解

**1. 量化投资不是传统投资方法的对立者**

基本面分析作为一种传统的投资方法，是许多投资者进行投资决策的重要方式，该方法主要通过分析影响和决定证券价格的各种因素，得出证券的合理价值，进而确定投资策略。从本质上说，基本面分析是一种定性方法，主要包括对宏观经济环境基本面的分析、产业层面的分析、公司基本面的分析等。这是否就意味着其处于量化投资策略的对立面？

答案并非如此，基本面分析是量化投资策略构建的重要组成部分，许多基本面分析使用的要素都可以量化，通过量化手段设立多个指标或因子（如下文中涉及的多因子模型）来确定相关模型。简而言之，量化投资策略的开发往往融合了基本面分析与技术分析等多种手段及要素，进而构建模型进行投资决策。

2. 量化投资不只是一种工具

一种成功的量化投资策略首先需要有一种明确的投资思想和逻辑，根据这种投资思想和逻辑，通过数量化的手段，把投资所遵从的理念以及逻辑关系等转化为各种变量以及变量之间的规则，进而构建成相关的数理模型。然后，通过计算机技术等手段将模型应用于市场，在历史市场数据中进行测试，并不断修正和完善，直到能够将其应用于当前真实市场中选股、买卖、调仓等的判断，并执行交易。

如果要列一个等式的话，量化投资是否成功＝投资理念本身是否合理＋数量化工具是否成功（即能否实现投资理念的合理预期）＋算法或程序在技术层面是否成功。由此可见，量化投资的重要核心即为投资逻辑，合理有效的投资逻辑是量化投资成功的必要条件；在此基础上，"量化"是投资者进行投资所应用的一种手段和方式，需要工具本身有效，即量化投资的各种量化手段有效，如模型的有效性、数据的准确性等都会影响量化投资的最终效果。

3. 量化投资不意味着完全排除基金经理或投资团队的参与

量化投资往往同时具备"模型化"与"程序化"的特征。程序化的优点明显但缺点也很突出：在标准化运行的程序下，每一个步骤都基于交易指令的预设，在多变的市场中可能会显得十分死板。同时，与程序化可能存在的问题一致，量化模型的隐患也在于其标准模板化的分析过程。在市场出现转折或者发生小概率事件时，模型可能因为自身的滞后性无法及时反映市场的最新动态并自动进行调试，计算机算法或程序也无法完全代替基金经理的判断。

此外，量化投资并不简单地等同于"靠一个投资模型就能一直赚钱"或"使用一个模型可以解决一切问题"这样一劳永逸的投资方法。量化的方法是一种工具，其植根于投资理念，且取决于投资者是否能够合理使用。任何一个量化模型的建立都需要经历一个不断跟踪检验、优化、实证的过程。随着投资理念的变化、市场状况的变动，投资模型也需要以日、小时甚至更短的时间间隔不断修正、改善及优化，以更好地服务于投资决策，这是一个动态的过程。

4. 量化投资策略的复杂程度与有效性并不成正比

由于量化投资自戴"神秘面纱"，往往会给人带来这样一种印象，即越高深的数理金融知识、越复杂的策略及量化模型的效果越优。事实上，众多量化投资者都在同一个市场范围内观察市场规律、捕捉大概率的获胜机会，难免产生策略的"撞车"或同质化问题，其根本及更高的收益应源于策略的独特性以及内在出色的投资逻辑，而非策略的复杂与否。

### 1.1.6 传统投资与量化投资的协同与差异

传统投资又称主观投资、人为投资，主要依靠人工对于基本面的宏观分析以及对于单个投资对象的具体分析，同时结合投资人员自身的经验与投资习惯，进行投资选择。而量化投资需要借助数理模型对投资策略及投资逻辑进行量化，并通过计算机技术等现代科技手段来实现。从投资手段的角度进行分类，传统投资和量化投资一般都被划分为与被动型投资（指数化投资）相对应的主动型投资。尽管传统投资与量化投资在诸多方面表现出明显的差异化特征，但是两者的投资理念一般都有期望通过主动决策获取超越市场基准的超额收益的内涵。因此，传统投资和量化投资在技术上分异，在理念中交融，形成相互影响、相互促进的对立统一的辩证关系。

1. 传统投资与量化投资的差异化分析

（1）投资行为的决策机制不同。在讨论传统投资与量化投资最主要的区别时，我们可以从投资决策的形成机制角度将传统投资的投资方式描述为"投资人员中心主义"，而将量化投资定义为"数据系统中心主义"。由此可以看出两种投资方式在投资决策的形成机制上存在明显的不同，而这一不同所带来的差异是根本性的，后文中我们所讨论的其他差异都是基于决策机制不同衍生而来的。

传统投资的操作决策大多来源于投资者自身对于投资行为的理解，以及其所具有的专业知识和对投资对象所处行业实际投资可行性的认知。从投资人员的角度出发，在其有限的理解范围内，做出所有投资决策的前提都是投资人员相信投资对象的价格水平在未来一段时间内将会或大概率朝自己预期的方向发展，这是传统投资的逻辑。对于量化投资而言，投资行为的逻辑是基于当前计算机信息系统强大的数据分析与处理能力，利用事先根据自身投资需求建立的模型编制成相应的计算机程序，由计算机系统自动完成数据的收集与分析处理，并在满足交易条件时由系统自主完成投资交易行为。

也有学者将量化投资与基本面投资作为一组相对的概念进行讨论。与量化投资类似，基本面投资同样存在以定量方式将特定对象的相关金融数据作为衡量该对象是否具备可投资的内在价值的标准。虽然基本面投资在对一些经济现象进行解释时具有优势，例如超额收益波动性、收益可预测性、巨额交易量等[1]，但是通过基本面分析的方式进行的价值投资依然需要依靠财务数据针对个案进行逐一分析，在如今市场行情分秒变幻的情况下缺乏对市场变化及时响应的能力，因此相对于以程序化交易为手段的量化投资仍显得效率不高。

简而言之，对于传统投资和量化投资而言，传统投资由人来决定投资行为是否发生，对投资对象的各类分析主要由投资人员人工完成；而在量化投资模式下，则是由人赋予机器衡量投资价值的尺

---

[1] 侯晓辉，王博. 基于基本面分析的量化投资：研究述评与展望. 东北师大学报（哲学社会科学版），2021（1）.

度，并主要由机器选择在合适的时间与合适的对象进行交易。

（2）投资决策的影响因素不同。量化投资最大的优势就是可以规避人类思维的不理性部分，当投资人员所采用的投资逻辑体现在量化模型中时，计算机程序便可以在纯粹的数学与统计学尺度下代替人类做出投资判断。与传统的定性投资方法不同，量化投资不是靠个人感觉来管理资产，而是将投资人员的思维、策略以及投资经验用一种数字模型化的形式表达，同时运用计算机技术快速、全面地获取市场数据，并利用包含投资模型的程序完成处理，帮助人脑总结归纳市场的规律，总结可以重复使用并反复优化的投资策略（经验），从而指导投资决策过程。

传统投资以人的判断为依据，容易受投资人员自身的非理性成分的干扰以及自身能力的制约。在传统投资中，投资人员一般会基于自己的专业技术能力以及对市场的宏观理解对基本面进行定性分析。但是，一方面，人的认知难免会有局限性，人性贪婪、恐惧、侥幸的弱点在一定程度上限制了人们做出最为合理的判断；另一方面，人对于信息的处理能力也是有限的，投资人员可能会做到对某一个领域、一个行业或是多家公司进行有针对性的细致分析，但是基本不可能在短时间内对市场上的所有股票逐一进行定性分析。

量化分析以数据为基础，数据的规模与质量直接影响量化模型的计算结果，数据的处理能力决定了量化分析程序能否正常运行。与传统投资相比，量化投资所具有的系统性、及时性、准确性等优势无一不是建立在大量精确数据的基础上的。这些数据每天从市场的交易中即时产生且规模巨大,现行的电子交易系统将这些数据公开,而量化投资所要做的就是在第一时间迅速收集所有的市场数据并以最快的速度进行分析总结。但是,随着量化投资的发展与壮大,出现了因量化模型相似而导致的交易行为趋同的现象,量化投资高频操作的特点使得特定量化分析模型所造成的交易行为不断重复,市场行情数据也随之发生改变,此时计算机系统得到的市场数据难以体现真实行情,而这是量化模型很难直接发现的。

除了量化投资所采用的数据模型以及获取到的市场数据,量化基金所掌握的资金规模也是影响其模型做出投资决策或给出投资建议的重要影响因素。与传统的认知不同,量化基金并非管理的资金规模越大,其投资效率就越高,二者并不存在必然的正相关关系。例如,在2021年下半年,有部分规模超过百亿元的头部私募量化机构宣布主动控制其基金规模的增长速度,暂缓对部分基金产品的申购[1],这一情况也体现了量化基金投资的有效性受到"策略容量"的制约。在近两年私募量化基金规模大幅增长的情况下,各机构量化基金产品的平均收益率却有了明显的回撤。根据《中国经营报》的数据,截至2022年2月中旬,29家资金规模超百亿元的私募量化基金管理人的平均收益仅为-5.11%。

(3) 对市场造成的影响不同。传统投资以价值投资为导向,投资人员需要对投资目标的各项数据以及宏观经济形势、行业实际情

---

[1] 据统计,截至2021年12月,已有包括幻方量化、宽聚投资、凡二投资、灵均投资、天演资本等在内的11家私募量化机构宣布部分产品封盘以控制规模增长速度。

况等因素进行综合分析，在这一方式下机构投资者与中小散户投资者的基础投资逻辑是一致的，即选择未来一定时期内能够实现增长的投资对象，体现了对个股所处行业及经营现状的"市场信心"，同时也能反映供求关系决定价格的价值规律。

量化投资更多的是对于数据的定量分析，机器难以识别市场政策、行业发展程度、市场信心以及突发新闻消息等一些需要人们进行主观判断来处理的信息对市场的影响，其能力范围内所能做出的一切判断均基于数据模型对各项指标的控制。有学者认为，程序化交易会使得交易偏离基本面价值，更难将基本面信息反映到公司价格中。[1]

此外，量化基金的发展还能发挥优化投资者结构的作用。与欧美发达证券市场相比，我国证券市场存在一个鲜明的特征，即存在数量巨大的普通中小投资者。如前所述，量化投资是一种具有较高技术要求的投资方式，其对投资人员的技术水平和设备要求非常高，相应地，量化投资的成本也明显高于传统投资。基于这一前提，普通中小投资者难以依靠自身能力参与量化投资，而在量化基金不断显示出其相较于传统投资的优势以及获取较高投资回报的能力后，越来越多的散户投资者愿意将资金交由量化投资机构进行交易。这一影响与量化投资自身规模、技术水平的发展是相辅相成的，在帮助量化基金进一步发展壮大的同时，也起到了优化市场内投资者结

---

[1] 佟伟民. 程序化交易及其监管. 中国金融，2017（4）.

构、提高机构投资者比例的作用。

综上所述，传统投资与量化投资最主要的区别在于具体投资决策的形成机制。传统投资以投资人员为中心，将投资人员的自主分析和判断作为决策的主要依据，其投资逻辑带有一定的主观色彩。量化投资以计算机系统执行对大量数据的数学及统计学分析为基础运行机制，对较大市场范围内的潜在投资对象逐一进行各项数据指标的定量分析，并且可以对市场行情数据的变化做出快速反应。量化投资与传统投资在技术原理上的差异使得影响其决策形成的因素有所不同，并且二者交易行为特征的差异也给市场带来了不一样的影响效果，而这一影响具有两面性——在优化市场投资者结构的同时，也会因其投资决策的趋同性而放大对市场走势的不利影响。

2. 传统投资和量化投资的协同性分析

无论是传统投资还是量化投资，追求更高的收益都是各种投资方式的核心目标。传统投资和量化投资同样作为主动型投资的不同投资手段，两者的核心机制都是希望通过投资者对投资资产的主动管理，利用各种市场分析和研究手段，在策略上主动选股、主动择时，去寻求获得高于市场平均水平的超额收益。

其一，传统投资和量化投资的协同性在于，在传统投资的模式下也可以使用量化分析的技术手段做出投资决策。量化投资的核心内涵是利用计算机技术，通过数理模型对市场数据进行定量分析，并参考所得出的数据分析结果为投资人员提供决策建议。在量化投资中的高频量化模式下，投资决策的自动化水平较高，因为计算机系统始终保持着一种较为快速的分析和处理速度，以把握稍纵即逝的市场机会。在高频量化模式下，个股的基本面的定性分析并非主要决策依据，因此系统可以仅从数学和统计学的角度高度自主化地做出决策。但相对于高频量化，在传统投资中，投资人员依然可以使用计算机系统对特定个股进行定量分析，这便是传统投资与量化投资的融合。在传统投资的分析模式下，既有以投资人员主观经验和感受为判断依据的部分，也有需要定量计算得出结论的内容，这时候投资人员就可以借助计算机系统强大的计算与数据处理能力来辅助工作，在节约时间的同时，也能保证计算的准确率相对较高。

其二，传统投资和量化投资并不是完全对立的两种投资方式。伴随信息网络技术发展成长起来的量化投资，其侧重点在于新技术的开发和运用，其在投资逻辑上与传统投资也存在相同的部分。投资行为能够取得超额收益的逻辑在于投资对象相较于市场中其他被投资主体更加优质。量化投资所依据的市场数据也是这一投资对象的经营能力与市场对其信心的体现，传统投资与量化投资都致力于发现市场中个股的优势信号，并希望能够更加及时、迅速地把握住这些信息。投资取得超额收益的一个很重要的要求在于，投资人员需要利用市场信息获取的不对称性，先于他人发现这些可能使其获得超额收益的信号。在传统投资模式下，优势信息的发掘依靠投资人员的专业分析能力与决策水平。而在使用了量化投资的技术手段之后，投资人员将相应的发掘信息的逻辑赋予计算模型，由计算机系统完成后续数据的获取与分析，但计算机系统本质上执行的依然是投资人员的分析逻辑。

因此,在量化投资蓬勃发展的当下,采用更加高端的计算机技术的量化投资绝不意味着传统投资时代的结束。传统投资中依然存在使用计算机系统进行量化分析的内容,两者的运行依然体现了投资人员对于市场的理解和判断逻辑。量化投资方式的出现及其与传统投资的协同,使得两者在对立统一中相互促进、共同发展。

## 1.2　量化基金:量化投资策略的广泛运用

### 1.2.1　对量化基金的界定

量化基金(quantitative fund)在理论及立法层面并没有较为权威的定义。彭博(Bloomberg)认为量化基金因使用量化投资方法而得名。纳斯达克官网将其定义为"使用量化方法和计算机模型来做出投资决策的基金,不同于基金经理的定性分析方法"。SEC 则在其面向投资者的提示中指出,量化基金的定制指数使用量化分析或算法等数学方法来选择基金的投资对象。[①] 我们可以将量化基金简要界定如下:量化基金是指将量化投资策略广泛应用于投资全过程的基金,其利用数据挖掘技术、统计技术、数学计算方法等处理数据、形成数量化模型,以帮助基金得到最优的投资组合和投资机会。而

---

① https:∥www.sec.gov/oiea/investor-alerts-and-bulletins/ib_smartbeta.

前文关于量化投资、量化策略等的阐释也有助于我们了解量化基金具体通过何种方法获取收益。

### 1.2.2 量化基金的分类[①]

1. 纯量化基金与量化模型选股基金

按照是否仍有人为主观判断参与投资决策及交易执行，可以将量化基金分为纯量化基金与量化模型选股基金。

纯量化基金是指通过数量模型的计算寻找投资机会，并以此作为最终投资决策进行资产管理的基金。这类基金通常也称为纯量化交易基金，交易过程中并没有人为操作。

在程序计算后加入基金经理的主观判断，最后做出投资决策的量化基金，称为量化模型选股基金。

2. 指数增强量化基金、量化对冲基金及主动量化基金

根据量化基金策略方向及运作模式的不同，可以将其分为指数增强量化基金、量化对冲基金及主动量化基金。

指数增强量化基金以战胜对标指数为己任，有明确的跟踪指数和较严格的跟踪误差限制，不能任由基金经理进行天马行空的量化投资，通过控制与基准指数的偏离，力求获得超越基准的收益。上证 50、中证 100、沪深 300、中证 500、中证 1000、创业板指、MSCI 中国 A 股国际通等宽基指数，中证红利等策略指数，中证消

---

[①] 此处涉及量化基金的分类，侧重于国内市场的实践情况。

费龙头等行业指数,甚至债券指数、境外市场指数都有相关的指数增强型基金。

量化对冲基金通常采用多空策略,利用股指期货、期权等衍生工具对冲市场风险来获取相对稳健的绝对收益,积小胜为大胜。量化对冲基金最大的特点是走势比较独立,与股、债两种大类资产走势的关联性都较小。这类基金的波动和收益与"固收+"相当,可以取代一部分投资理财,较适合普通投资者。

主动量化基金指以量化选股策略为主的基金。相较于指数增强量化基金和量化对冲基金,主动量化基金不受跟踪指数和偏离度的约束,并且在策略上更加多元化,通常更倾向于多头策略,通过各种数据持续分析找出超额收益显著的股票,根据概率、赔率、风险控制测算给定权重,构建投资组合以实现战胜某指数的既定投资目标。基于投资标的覆盖范围,主动量化基金又分为全市场量化基金、特定行业的量化基金及特定投资市场的量化基金。

### 3. 量化公募基金与量化私募基金

按照机构属性及募集方式的不同,可以将量化基金分为量化公募基金与量化私募基金。其中,量化私募基金的主要特征在于其既具备私募基金的基本属性,又具有以量化交易为策略的特殊性,受到私募证券投资基金和量化策略的双重监管和约束。

鉴于机构属性的不同(见表1-2),量化公募基金和量化私募基金之间存在多方面的差异。

表1-2 量化公募基金和量化私募基金的机构属性对比

| 项目 | 量化公募基金 | 量化私募基金 |
| --- | --- | --- |
| 投资者 | 机构、普通投资者 | 合格投资者 |
| 购买门槛 | 1元起 | 100万元起 |
| 申赎日期 | 随时 | 不定期 |
| 封闭期 | 短 | 长 |
| 申购费 | 低 | 高 |
| 管理费 | 中 | 高 |
| 业绩报酬 | — | 高水位法（20%左右） |
| 透明度 | 高 | 低 |

首先，两者的产品收费方式不同。对于量化公募基金来说，管理费是其主要收入来源，同时会考核产品业绩的相对排名；而对于量化私募基金来说，产品超额业绩收益提成可能占据了收入的绝大比例，这是量化私募基金重视超额收益的主要原因。

其次，在系统配置方面，由于量化策略本身的专业性和技术性，数据和系统配置等"硬件"的投入往往决定了最终策略模型的表现和稳健性。对于量化私募基金，特别是一些领先的量化私募基金来说，相较量化公募基金，其在数据和系统配置上的资源投入较多，在技术上具有领先优势。

再次，在投资方式和品种上，由于监管的差异，与量化公募基金相比，量化私募基金的投资限制更少，更加灵活。举例而言，量化私募基金可以对股票底仓及可转债进行日内T0交易，日内T0交易部分能够贡献相对可观的超额收益；而量化公募基金则被限制进行日内反向操作。再比如，在对冲限制上，量化私募基金可以灵活使用股指期货或期权进行对冲，而量化公募基金对股指期货和期权的使用有一定的限制。

最后，量化私募基金与量化公募基金在信息披露上亦存在差异，前者相对不透明，而后者则公开透明。

### 1.2.3 量化基金的特征

1. 量化基金的一般特征

量化基金的核心在于数量化模型的构建，因此不同于采用主观投资方法的传统基金，在人员组成方面，比起完全雇用金融专业的投资分析师，其更注重雇用由在数学、物理及其他自然科学等领域具备扎实专业知识的一流人才组成的投资分析团队。同时，考虑到核心模型及其背后的算法及将之付诸实践的程序的重要性，在知识产权保护方面，量化基金尤其是量化私募基金非常重视源代码的知识产权保护，其会采取多种技术保护及隔离手段防止商业机密的泄露，同时要求员工签署各种条款繁多的保密文件。

与以基金经理及投资团队作为交易决策与执行的"掌舵手"的传统基金相比，量化基金最典型的特征在于其用数量化模型指导交易，用智能化的算法与程序代替人为判断。量化投资者不仅关注交易，更注重在投资逻辑的基础上研究与提炼模型、高级算法及将投资逻辑付诸实践的自动化程序。无论是量化基金的优势还是劣势，都与体现其量化投资策略的数量化模型、算法、程序的特质有着紧密的联系。

2. 量化基金的优势

量化投资是定性投资的数量化与程序化。与数量化模型的科学、理性及程序的高效、便捷相对应，与传统基金相比，量化基金在如下几个方面体现出显著的优势。

（1）具有高度严明的纪律性，可减小交易的主观性与随机性。传统的基金经理主导的定性投资策略会随着投资者想法的改变而调整，在交易指令发出前较为确定的投资选择在交易实际发生的节点可能会因为操作者的情绪、精力不足或能力有限等因素而发生偏离。量化基金则可以有效避免该等情绪风险或外部负面因素的干扰，原因在于经过大量数据检验、回测的数量化模型一旦确立，便形成预设的客观规则或者纪律，该类规则或纪律不会轻易改变，量化基金将严格地遵循量化投资模型给出的标准，通过程序自动进行决策、执行交易。在这一过程中，人工发挥的作用更多集中于前期模型的提炼与构建，即将其投资思维和逻辑数量化，基于模型进行交易决策与发出交易指令的实际上是计算机，而计算机的程序化设定使其不可能出现在冲动的情绪下进行不理性的交易行为，或者由于保守或恐惧心理而错过了投资良机的情形。模型的稳定性、纪律性加上程序的客观性，很大程度上减小了量化基金所进行的交易的随机性。

尽管前文强调了量化基金客观及不受情绪因素干扰的特点，但在某些特殊的情形下，量化基金并不能够完全克服人性的弱点。例如，在配置多种量化投资模型的基金中，基金经理可能面临如何选择及综合配置多种模型从而帮助投资者实现最佳收益的难题，如其中一种量化策略模型遭遇了策略的较大回撤时，采用该种策略的基金经理可能会面临客户和上级的压力，而无法对是否继续运用该模型及如何重新组合多种策略做出理性的判断。再比如，尽管较为少见，但实践中可能存在一些中低频的量化投资策略主要通过计算机和数理统计技术锁定投资标的并确立买卖点位的情况，但具体交易行为系通过交易者手动执行。

（2）减轻传统模式下对核心投资人员的过度依赖。在传统的基本面分析领域，当提及那些耳熟能详的投资策略时，往往都对应着一个个金光闪闪的投资大师的名字，正如巴菲特在价值投资理论中扮演的核心角色，一听其名就能够知晓其著名的投资逻辑。与依赖核心投资经理理念的主观偏股型基金不同，量化基金在构建量化策略时往往需要整个团队共同努力，而非仅仅依靠个别人员的努力和才智。量化建模是一个非常复杂的过程，要完成模型的构建，离不开由有着金融、计算机、物理等复合学科背景人员组成的团队的协作；模型一旦建立，就不会轻易因为部分人员的流动而丧失运作的基础与持续动力。实践中，一些量化基金会采取较为稳定的人员结构安排，如团队部分人员专门负责数据采集，IT人员专注于量化系统的平台开发，量化投研团队则专注于策略和投资等，通过精细化的分工使得量化交易系统获得持续运转的稳定性。因此，量化基金对个别人员的依赖程度低于传统基金。对于传统基金而言，若优秀的基金经理突然离职，随之流失的可能还有大批因信任其投资能力而买入的客户，这将严重影响公司的发展和投资者的信心；但对量化基金而言，未必会造成如此大的冲击。

（3）用广度对抗深度。量化模型的基础是优秀的投资逻辑或投资理念，而投资理念的建立需要经验及对行业有较为深入的认知，因此，量化基金在发展过程中往往会伴随这样一种质疑的声音：数学模型建得再好，也不如最优秀的基本面研究人员对行业态势和个股核心要素钻研得那么深入。但量化的优势就体现在其能够借助广度来对抗深度。如果把证券市场比作一片由巨量信息罗织的汪洋，那么每一位投资者和研究员掌握的信息都如同这片汪洋中的一滴水，对证券市场的认知如同盲人摸象。而量化投资能够统揽大数据，获得对市场总体更加全面的认知。具体而言：

卓越的数据处理能力使得量化基金能够挖掘并处理海量数据，从中分析出有较大概率获胜的客观投资规律并以此为依据构建资产组合。传统定性投资虽然也会进行股票组合，但是所选择的股票数量和质量往往受制于基金经理的经验和主观性，不如量化投资客观。另外，海量历史数据也可以用于量化模型回测阶段，测试模型是否契合规律并能达到预期的效果，一旦发现其不足之处，还可以进行跟踪和修正，增强其客观性和适用性。

计算机程序对人工的取代破解了传统投资模式下由于基金经理精力及时间有限，只能对一定数量的个股进行精研的难题。量化基金的投资范围具有广泛性，能够辐射多个行业、板块及不同类别的资产，在分散风险的同时，当研究样本的数量足够大时，投资胜率也会随之提高。

量化投资策略一般具有综合性，既包括大类资产配置模型、行业选择模型、精选个股模型等多层次的量化模型，又能够从宏观周期、市场结构、估值、成长、盈利质量、分析师盈利预测、市场情绪等多个角度对投资标的的收益进行评估。

简而言之，量化基金能够通过多行业、多板块覆盖的"雷达扫描"式投资方式，在更多的板块和个股中寻找价值洼地，挖掘投资机会。这种分散型的投资尽管在短期内的业绩可能不会非常突出，但是长期来看却可能通过累积实现稳定甚至超越预期的回报。

（4）更高效、更精确地执行交易。在金融衍生品种类日益丰富并带来更多套利机会的今天，如果不使用数量化交易工具，就难以迅速捕捉稍纵即逝的获利时机。量化基金的程序化特质使其一旦检测到满足交易标准的机会，就会自动精准地下单，无须全程盯盘。基于预先编写的代码和算法，它们以任何人都难以匹敌的速度和准确性执行一组指令，能够保障交易的前后一致性；相比而言，手动交易的操作速度就显得太有限且存在延迟。此外，量化交易还能够借助高效的算法优化交易的执行效果，降低对市场的冲击成本，如一些机构投资者在进行巨量交易时，往往通过算法设计将巨量的交易单精确地拆分成微小的单子，这样就可以尽量减小对市场价格的影响。

（5）更灵活地实现前置风险控制。稳定成熟的量化投资策略会动态地管理风险，跟踪市场的变化，及时调整仓位和杠杆等风险因素。在量化交易中，投资人员可以给各类风险因素设置限额并灵活地进行前置管理，如交易对手限额主要用于防止与额度不足或额度到期的对手开展交易，最大单笔下单限额、频繁报撤单限制则是为了根据个别品种的流动性和交易所的要求，避免对该品种的市场流动性造成冲击。市场瞬息万变，即便全方位的监控可能亦有疏漏。量化的交易手段则通过程序预先设置止损限额，实现了风险的前置拦截，而非损失已经造成的事后报告。

（6）在投资策略创新方面具有独特的优势。量化基金在策略创新上本身也具有一定的优势。在科学不断发展进步的今天，越来越多的先进技术被创造出来并应用于各种情境。量化交易者的多学科背景有助于其结合多个不同学科的丰富知识、理论及相应的数学模型，发现一些隐藏较深的复杂数据规律，而这些规律往往不太容易被主观交易者察觉。时至今日，神经网络、支持向量机、马尔可夫模型等机器学习模型已经开始被量化基金从业人员频繁提起，并在策略创新上发挥着重要的作用。

3. 量化基金的劣势

采用量化投资策略的量化基金相比采用传统投资策略的基金有较多优势，量化投资策略的有效性依赖于投资思想的正确性和合理性。换言之，只要投资思想是正确的，量化投资本身应是锦上添花的一种工具。但是在实践中，并不存在百分之百正确的投资思想，量化投资策略亦非十全十美，有其缺陷，因此过度依赖量化投资策略存在风险。

（1）量化投资策略存在趋同及同质化交易的风险。基础的投资理念或投资逻辑凝聚在投资人员的经验和投资实践中，是抽象的。抽象的理论或逻辑通过量化工具转换为一个个因子或指标。量化研发团队为了防止辛苦研发出来的量化投资策略被复制，往往会在增强保密性和数据安全性方面投入大量的成本。目前主流的量化私募基金都倾向于构建自身的量化交易系统与研发平台，而非借助第三方平台及载体继续研发，同时采取综合技术手段保障其核心策略模型的机密性。

此外，量化投资者处于同一个渐趋开放的市场，随着很多策略的流行和数据迅速被使用，挖掘出独特而有效的模型的概率越来越小，而遵循相似的交易模型进行相似的交易的规模一旦扩大，红利期较高的收益也会随之快速下降并回归正常收益水平，有时规模扩张过于急速还可能给市场带来冲击。实践中已有此类案例，例如，2007年8月，当美国其他类型基金的表现都较为平稳时，只有采取市场中性策略的基金或进行统计套利的基金的业绩大幅下滑，究其原因，主要在于该类基金大多采用同质化模型，一旦个别基金抛盘，就可能引发市场价格动荡的连锁反应，这次事件也被业界称为"量化浩劫"（quant quake）。

（2）作为量化模型基础的样本数据可能存在缺陷。量化投资模型的原理是在海量数据中寻找大概率的获利机会，对数据的较强依赖性使得其在样本数据不够完善时容易产生风险。具体而言，样本数据可能存在以下缺陷：

数据的"幸存者偏差":历史数据中可能并没有考虑已经不复存在的企业或者其他较为极端的情形,如果数据包括破产公司的,其反映的趋势或规律看起来可能会有所不同。

数据的无效"挖掘":当量化投资者仅仅是为了主动寻找某种指标或关系,而并非因其是一个合理的超额收益来源而进行数据挖掘时,这种搜寻可能是无益的。只要足够努力地寻找,往往就能在数据中找到某种关系,即使这种关系并非真正存在或对投资目的的实现没有意义。

数据的过拟合:如果一个量化模型的假设过于依赖历史数据,亦可能产生偏差,因为首先这些历史数据体现出来的趋势或规律在未来未必能持续有效,其次单独基于数据本身进行分析做出的决策有时可能缺乏科学依据,即"尽信数据不如无数据"。

(3)并非所有影响投资决策的因素都能够量化。量化投资的特性在于"量化",量化属性是其诸多优势的来源,但同样具有不可规避的缺陷,那就是当量化交易策略面对无法量化的因素时,只能将其舍弃或者忽略,但这一类难以量化的因素可能会对投资决策产生重要的影响,一旦将其舍弃会使得策略在处理信息时所覆盖的范围变得狭窄,从而错过盈利的机会。随着科学技术的更新迭代,一些先前难以量化的因素,如网络对投资者情绪的刻画逐渐被引入量化模型中发挥作用。尽管科技手段可以让量化交易策略能够处理的信息范围变得更广,比起传统的定性投资在处理无法量化的抽象要素时具备优势,量化投资仍有其由固有属性造成的短板。这一点或许可以改善，但无法根治，也正因为如此，目前市场实践中存在将主观投资与量化思维相结合的做法。

（4）量化投资策略具有滞后性，面对市场重大变化反应速度缓慢。许多主观投资方法体现在逻辑或理念层面，可以根据市场变化形势灵活转向，而量化模型的形成及调整则需要一定的时间，因为量化模型是以数据为基础的，从随时间积累形成的数据中提炼出某种数量化规律后，反过来再用数据去反复验证、测试该规律。这就导致若未来市场发生了重大转变或出现某些极端行情，基于数据构建的量化模型无法及时做出调整，也就无法改变交易策略，进而可能造成较大的损失。

面对瞬息万变的市场环境，并不总是存在能保持高歌猛进姿态的长效性量化策略。不管是样本数据的选取失误、市场环境和投资者结构的变化、监管的加强、交易规则的改变，抑或极端行情的出现，都可能导致策略的滞后与钝化。

（5）"策略容量"在一定范围内限制了量化基金的盈利能力。"规模是收益率的第一杀手"已经在一定程度上成为金融界的共识，这一点在量化基金上体现得尤其明显。在当前市场环境下，不同类型的量化策略资金容量存在差异，例如，对采用高频策略的量化基金来说，规模越大，短时间内实现高换手率对市场的冲击成本越高，留下的收益空间则越小；而量化对冲基金的策略容量亦存在一定的限制，一是股指期货本身有限仓，二是高收益低回撤和大容量往往不能同时实现。因此，在实践中，各量化机构一方面会通过构建多周期、多信号的混合性策略在保证利润的基础上尽可能做大容量，另一方面也会注重控制现有规模。从各机构的实际行动来看，此前国内已有多家百亿元级量化私募基金宣布暂停募集资金即"封盘"，利用封盘的时间对自身策略进行升级、优化以扩大容量，还有部分私募基金通过减免赎回费等方式试图变相鼓励投资者赎回私募产品。即使是海外量化巨头，亦将其顶级策略封闭、不对外开放以提升盈利能力。2005年，为了将规模控制在50亿美元左右，由詹姆斯·西蒙斯管理的大名鼎鼎的大奖章基金就关闭了其外部募集渠道，剩余基金多为他个人自营资金和旗下员工资金。

结合前述市场上不同机构量化投资策略可能存在的趋同问题，整个行业的资金容量或会演变为一种稀缺的准公共物品。换言之，头部量化私募基金可以有意识地控制自身规模，却难以阻止其他竞争对手和潜在进入者扩大管理规模，占领市场容量，最终导致获取稳定的超额收益变得更加困难。

（6）量化投资入门门槛较高，并不适合所有投资者。从所需知识的层面来看，量化投资策略的研发对投资者的个人能力及学术背景要求较高，强大的计算机编程能力、丰富的投资经验、扎实的数理统计知识等缺一不可，因此研发团队往往乐于招收专攻金融工程或数学、物理专业的高学历人才；从设备硬件层面来说，量化机构往往需要配备高效的服务器等硬件设备以满足投资需求，设备层面前期投入成本较高且需要不断更新优化。大部分的普通投资者并不具备这样的理论功底和技术设施。量化投资的"高门槛"不仅将市场散户拒之门外，而且对很多机构投资者来说也是不小的挑战。

虽然近年来出现了 TradeStation、优矿、聚宽、米筐等面向普通投资者的量化交易平台，为其提供量化策略研发、回测以及模拟交易等服务，但一方面使用相应功能仍然要求投资者具备一定的编程基础和建模能力，另一方面第三方平台本身能达到的技术阈值也有限，与从事量化模型研发的专业团队相比仍有较大的差距。

## 1.3 支撑量化投资的理论与技术

量化基金的发展史离不开数理金融理论与计算机技术的蓬勃发展。美国量化基金的发展，不仅体现在实践中量化基金规模的扩大，亦体现在其量化投资理论的演变与丰富及计算机硬件设备与配置的升级。

### 1.3.1 量化投资理论的更迭

1. 20 世纪 50—60 年代

1952 年，美国经济学家哈里·M. 马科维茨（Harry M. Markowitz）提出了现代资产组合理论（Modern Portfolio Theory，MPT）和均值-方差模型，首创用资产组合报酬的均值、方差最优化的数学方法来选择最优投资组合，投资者可以通过同时购买多种资产组合来分散投资风险，而非只投资单一资产。这是数理工具第一次被引入金融研究。

1959年，天文学家、物理学家莫里·奥斯本（Maury Osborne）发表了《股票市场上的布朗运动》，认为股票投资收益率服从正态分布，股票价格与股票收益率呈对数关系，从而股票价格服从对数正态分布。他是第一个清楚地将股票市场随机游走状态用模型加以表述的人，并且这一模型还可以用来推导股票未来价格、股票收益率的概率分布。接着，本华·B.曼德博（Benoît B. Mandelbrot）认为价格的随机性与奥斯本认为的略有不同，那就是正态分布和对数分布不足以模拟市场的统计学特征，收益率存在肥尾。市场比正态分布所描述得更加狂放。肥尾分布和狂放随机分布这两种分布特征正好是物理学中的复杂系统和金融市场的复杂系统的重要特征。

奥斯本从物理学的角度论证了市场可以被解读为随机游走形式，曼德博对其观点进行了修正，他们的部分观点开始渗入主流经济学系，影响交易者对金融市场波动的判断。物理学家在重塑现代金融学。

1964年，美国学者威廉·夏普（William Sharpe）、约翰·林特纳（John Lintner）、杰克·特里诺（Jack Treynor）和简·莫辛（Jan Mossin）等人研究了资产价格的均衡结构，提出资本资产定价模型（Capital Asset Pricing Model，CAPM），探求的是为了补偿某一特定程度的风险，投资者应该获得的报酬率是多少，该模型能比传统的现金流贴现法更快地估算出股票的预期收益率。后来，默顿（Merton）将CAPM发展为跨期资本资产定价模型（ICAPM）。

2. 20世纪70—80年代

20世纪70年代，随着金融创新的不断进行，衍生产品的定价成为理论研究的重点。

1973年，布莱克（Black）和斯科尔斯（Scholes）建立的期权定价模型（Black-Scholes Model of Option Pricing）问世，该模型为以市场价格变动定价的衍生金融工具的合理定价奠定了基础，直到今天其仍然是检验其他金融衍生工具模型的标准。1976年，斯蒂芬·罗斯（Stephen Ross）突破性地提出了套利定价理论（Arbitrage Pricing Theory，APT），为投资者提供了一种理解市场上的风险与收益率间的均衡关系的方法。根据该理论，在完全竞争和有效的资本市场上，风险与收益率之间存在由多种因素构成的线性关系。APT的提出使得单因子资本定价模型发展为多因子模型，由此量化投资理论的基础得以进一步完善。

3. 20世纪80—90年代

20世纪80年代，现代金融创新进入鼎盛阶段，在此期间产生了所谓的20世纪80年代国际金融市场四大发明，即票据发行便利、互换交易、期权交易和远期利率协议。同期，金融理论的全新概念"金融工程"诞生，并作为一门新学科从金融学中独立出来。

20世纪90年代，金融学家更加注重金融风险的管理并以此作为金融机构管理的中心论题。其中最著名的风险管理模型是VaR模型（Value at Risk）。

1991年，彼得·穆勒（Peter Muller）发明了阿尔法系统策略，开始用"计算机＋金融数据"来设计模型、构建组合。阿尔法系统策略即量化中性策略，是一种典型的对冲策略，采用"现货多头＋

期货空头"的方法，一方面做多能够获取超额收益的投资组合，另一方面做空股指期货以对冲现货组合的系统性风险，从而实现在回避系统性风险前提下的超越市场指数的阿尔法收益。

1992年，克里夫·阿斯内斯（Cliff Asness）发明了价值和动量策略（OAS）。由于价值和动量之间的历史相关性较小，因此二者结合策略构建的投资组合更加能够分散风险。

同年，法马（Fama）和弗伦奇（French）在CAPM模型的基础上提出了著名的三因子模型来解释股票收益。1997年，卡哈特（Carhart）在三因子模型的基础上加入了动量（momentum），并提出了四因子模型。

在这一阶段，还有借助随机微分方程进行量化求解，这与期权定价理论相互促进，而且行为金融学流派逐渐形成，此后量化投资开始加速发展。

4. 20世纪90年代末至今

20世纪90年代末，非线性科学的研究方法和理论在金融理论及实践中的运用极大地丰富了金融科学量化手段和方法论的研究。

进入21世纪，数理金融理论以及机器学习技术的发展为量化投资提供了新的理论和工具。多资产投资、因子投资、Smart Beta兴起，人工智能、大数据开始在量化投资领域得到应用。

## 1.3.2　量化投资的硬件支持

量化投资的硬件基础源于1946年在美国宾夕法尼亚大学诞生的

第一台电子计算机"ENIAC"。虽然其有体积大、能耗高、笨重等缺点，但其计算能力在当时已超越人工。1958年，美国工程师杰克·基尔比（Jack Kilby）发明了集成电路，自此计算机开始变得更小巧，能耗更低，运算速度更快。计算机算力的快速提升与单位成本的下降，以及伴随着小型计算机应用数量的增加而成长的互联网通信技术，使得计算机应用于金融领域成为可能。1971年，全球第一个完全采用电子交易形式的市场——美国纳斯达克股票市场诞生。量化投资机构在硬件上的"军备竞赛"也就此拉开了序幕。量化投资机构追求更快、更稳定的交易，更高效的信息获取与处理能力。而完备的硬件配置在此间的优势将助力量化投资机构在竞争中获胜，并将投入最终转化为收益。

# 第 2 章/Chapter Two
# 量化基金的发展及其影响因素

## 2.1 美国量化基金的发展及现状

### 2.1.1 美国量化基金的发展历史

相较于国内量化基金近期的快速发展，美国量化基金的发展历史已经超过 50 年，进入了相对成熟的发展阶段。纵观美国量化基金的发展历程，可以将其分为以下四个阶段。

1. 萌芽期：1969—1989 年

1969 年，被誉为量化投资的鼻祖、"宽客之父"的爱德华·索普（Edward Thorp）根据其自行研发的"科学股票市场系统"与里根合伙创立了历史上第一只依靠数学模型和量化算法策略赚钱的对冲基金——Convertible Hedge Associates（后改名为 Princeton-Newport Partners），开创性地运用在今天被称为"德尔塔对冲"的策略证明了物理学和数学同样可以在金融市场获利。该基金成立后连续11年没有出现年度亏损且持续跑赢标普指数。[①]

美国巴克莱投资管理公司在1971年、1977年分别发行了世界上第一只被动量化基金和第一只主动量化基金，成为量化投资的开端。

1973年，芝加哥期权交易所成立，以金融衍生品创新和定价估值为代表的量化投资革命由此拉开帷幕。

1982年，"量化对冲之王"、物理学家、数学家詹姆斯·西蒙斯（James Simons）创立了大名鼎鼎的文艺复兴科技公司（Renaissance Technology），其麾下的旗舰基金"大奖章基金"（Medallion）以高频率交易和多策略交易为特色，自1988年成立以来连续20年年化收益率逼近70%（费前）。针对不同市场设计数量化的投资模型，并以电脑运算为主导，在全球各种市场上进行短线交易，是西蒙斯的成功秘诀。即便是在2008年金融危机导致全球市场暴跌的情况下，大奖章基金也获取了80%的收益率。

2. 成长期：1990—2006年

这一时期美国量化基金的规模不断扩大，监管方面也出现了新动向。

1993年，法马与弗伦奇发表论文《股票和债券收益率的常见风

---

[①] 索普在1968—1988年的累积回报与标普500指数的对比，可参见威廉·庞德斯通. 赌神数学家：战胜拉斯维加斯和金融市场的财富公式. 北京：机械工业出版社，2017：216。

险因素》，使得投资者认识到股票超额收益的存在，但由于美国政府于 1999 年引入了 Hedge Fund Disclosure Act 等监管条例，对冲基金等的发展受到了限制。

1994 年，被誉为"华尔街债务套利之父"的约翰·梅里威瑟（John Meriwehter）成立长期资本管理有限公司（Long-Term Capital Management，LTCM），随后公司又获得科尔斯、莫顿两位诺贝尔经济学奖得主的加盟。该公司此后曾辉煌一时，是国际四大对冲基金之一，擅长相对价值交易，搜寻价格偏离理论均衡水平的证券，并利用杠杆撬动高额收益。但由于其模型假设和计算结果都基于历史统计数据得出，再加上喜欢利用高杠杆放大收益，一旦市场遭遇小概率事件偏离计算结果，其就会成为高风险的交易策略，最终，LTCM 于 1998 年破产。LTCM 的破产也为量化投资领域的风险管理策略敲响了警钟。

1998 年，美国证监会通过了《另类交易系统规则》（Regulation Alternative Trading System）。所谓另类交易系统，是指基于电子化网络以匹配成交证券买卖双方的委托指令为目的的交易平台，它们发挥着传统交易所的类似功能，但又并非交易所。另类交易系统的产生及配套规则的确立为美国证券市场提供了额外流动性，同时给跨场所的交易留下了套利空间。2000 年，美国证监会改革了交易所的报价规则，将股票价差的最小变化单位从 1/16 美元或 1/32 美元调整为一美分，这实质上缩小了买卖双方报价间的差距，降低了投资者进入和立刻退出市场的成本，直接促进了"人机对敲"和算法交易的普及。而在 2005 年 4 月，美国证监会投票通过的《全美市场系统修正案》（Regulation National Market System）重新修订了全美统一市场系统的规则，更是使得同一股票可以在多处交易。监管方面的这些改变降低了交易成本，促进了交易技术的飞速发展，为量化投资的发展创造了空间。

总体而言，美国量化基金的第一次大发展是从 20 世纪 90 年代开始的。这一时期出现了知名的 Fama-French 三因子模型，很多投资者基于该模型的理念，认为股票的超额收益存在确定性，并开始投入大量精力进行量化策略的开发，开启了量化基金的大发展时代。到 2007 年，量化基金的管理规模已经占美股总市值的 5% 以上，风光无限。经过 30 多年的发展，量化基金已经逐渐跻身美国投资市场的主流，而顶尖的量化机构也都形成了自己鲜明的特色。如以 AQR 为代表的学术量化派与学术界深入合作发表大量论文，还专门成立了图书馆分享研究成果；以 WorldQuant 为代表的因子挖掘派从海量数据中充分挖掘有用的因子；以西蒙斯的大奖章基金为代表的短线技术派用数学、物理等科学方法来建立量化模型等。

3. 动荡期：2007—2009 年

2007—2008 年的"量化浩劫"让整个行业陷入了长达 5 年的停滞。

2007 年 8 月，美国的金融股突然连续暴跌，高杠杆的量化对冲基金需要在短时间内清掉手里的大量持仓以维持基础的保证金需求，不少基金的杠杆高达 50∶1，短短一个月的时间很多基金的损失高达

20%～60%。随后全球又爆发了金融危机，令量化基金的发展一度陷入停滞。

2018年9月19日，美国证监会发布紧急令，暂时禁止对799只金融股卖空[①]，以保护投资者利益以及防止市场的波动。该令即时生效，至10月2日纽约时间11:59结束。后续出台的《多德-弗兰克法案》限制了银行资本在对冲基金上的投资，量化基金的规模因此受到抑制。

4. 成熟期：2010年至今

承接动荡期，在休整了几年后，Smart Beta策略出现，美国的量化基金迎来了第二春，重启高速发展的模式，且多种新量化模式全面开花。2010年，Smart Beta基金突破一千亿美元的管理规模。主动量化、宏观对冲和人工智能等多种量化模式全面开花。2015年，阿尔法狗诞生，开启了机器人选股时代。美国量化基金重新快速发展。

此处需要对Smart Beta策略进行简要介绍。Smart Beta策略起源于美国，顾名思义，就是在贝塔收益的基础上进行Smart处理，以获得超越传统市场的回报，而Smart Beta基金本质上即为一种配备主动量化管理策略的被动指数投资基金。其出现主要是为了弥合主动型基金与被动型基金（获取贝塔收益的指数基金）之间的鸿沟，在被动跟踪指数时，通过添加一些主动性的研究对成分股进行筛选

---

① 美国政府发紧急命令：禁止卖空799只金融股. https://www.microbell.com/doc-detail_118023.html.

组合，使得成分股及其权重更加合理，投入的成本比主动型基金少，但是获得的收益可能比被动型基金多。Smart Beta 基金在某种意义上可以视为指数增强型基金，且一般具备清晰明确的增强方法，通过构建价值、成长、质量、规模、股息及动量等常见的 Smart Beta 选股因子模型，衍生出一系列的量化指标，并利用这一系列的指标进行最终的选股。

### 2.1.2 美国量化基金的发展现状

1. 美国量化基金的规模

截至 2019 年第二季度，根据海外学者的估算[1]，美国量化基金的规模占美股总市值的比例接近 9%，且整体呈上升趋势。结合截至 2019 年 12 月 31 日的美股总市值（约为 33.906 0 万亿美元）[2]，可以大致推算，届时美国量化基金整体的规模大约为 3.1 万亿美元。

根据海外学者的数据[3]，美国量化基金的占比自 2000 年以来持续攀升，2007 年因量化浩劫及金融危机受到冲击，量化基金的规模连续 5 年没有增长；自 2013 年起，Smart Beta 策略逐渐流行，Smart Beta 基金的占比逐渐上升，截至 2019 年第二季度占美国量化投资规模的近 1/3。

---

[1] COSTA V, BOER S D, CASALS J. Not Your "90s Quant". Factor Features, 1 August 2020.

[2] Total Market Value of U. S. Stock Market. https：//siblisresearch.com/data/us-stock-market-value/.

[3] 同[1].

## 第2章 量化基金的发展及其影响因素

对冲基金（私募）是量化投资的主战场。从全球范围来看，量化对冲基金的占比相对较高，尤其是在规模排名靠前的公司中量化对冲基金占一半以上。据中金公司研究部统计[①]，在全球规模排名前5位的对冲基金中，千禧管理、城堡投资、桥水基金、AQR资本公司均为美国量化基金（见表2-1）。

表2-1 美国量化基金

| 排名 | 管理人 | 创立时间 | 国家 | 规模（亿美元） | 数据更新时间 |
|---|---|---|---|---|---|
| 1 | 千禧管理（Millennium Management） | 1989年 | 美国 | 2 950 | 2022-02-22 |
| 2 | 城堡投资（Citadel Advisors） | 1990年 | 美国 | 2 443 | 2022-03-04 |
| 3 | 桥水基金（Bridgewater Associates） | 1975年 | 美国 | 2 230 | 2022-02-25 |
| 4 | AQR资本公司（AQR Capital Management） | 1998年 | 美国 | 1 644 | 2022-03-01 |
| 5 | 英仕曼集团（Man Group） | 1983年* | 英国 | 1 486 | 2021-12-31 |
| 6 | 文艺复兴科技公司（Renaissance Technologies） | 1982年 | 美国 | 1 309 | 2021-09-22 |
| 7 | QMA（Quantitative Management Associates） | 2007年 | 美国 | 1 192 | 2021-12-06 |

---

① 中金｜量化投资新趋势（2）：赛道定位与策略展望. 中金公司微信公众号"中金量化及ESG"，2022-03-18.

续表

| 排名 | 管理人 | 创立时间 | 国家 | 规模（亿美元） | 数据更新时间 |
|---|---|---|---|---|---|
| 8 | Point72 Asset Management | 2014 年 | 美国 | 1 175 | 2022-02-11 |
| 9 | D. E. Shaw Group | 1988 年 | 美国 | 1 119 | 2022-01-13 |
| 10 | 麦哲伦金融集团（Magellan Financial Group） | 2006 年 | 澳大利亚 | 862 | 2022-02-09 |

\* 英仕曼集团成立于1783年，但于1983年才进入资产管理行业，此处以其进入资管行业的时间作为创立时间。

资料来源：中金公司研究部.

而具体到美国共同基金（公募），美国市场的量化共同基金可以分为主动量化基金和被动量化基金（包含指数共同基金及指数ETF）。近年来，美国市场上的被动指数产品持续扩容，指数共同基金和指数ETF的规模迅速增长。中金公司在其研报中指出，根据美国投资公司协会（ICI）的数据，2010年被动量化基金在共同基金市场的规模占比约为19%，到2020年占比已大幅提升至40%，而将主动管理型基金规模的占比压缩至60%。与此同时，2000—2017年，美国主动共同基金中量化基金的规模整体呈现稳步增长的趋势。在这17年间，主动共同基金中量化基金的规模占比从2.42%提升至8.74%，数量占比从6.71%提升至20.65%。[①] 综上可得，不论是主动量化共同基金还是被动量化共同基金，量化投资在美国共同基金市场上的竞争力及话语权逐步提升，成为不可忽视的力量。

---

[①] ABIS S. Man vs. Machine: Quantitative and Discretionary Equity Management. Columbia University，2020.

## 2. 美国算法交易（广义）规模

根据浙商证券结合彭博测算的结果，美股广义量化算法的交易额占比目前约为 75.6%。

在美股交易实践中，算法交易的主体并不仅限于量化基金，也包括除此之外的其他各类投资机构。根据彭博对 2021 年第三季度的测算，美股投资者总体可以分为三类：散户（18.9%）、买方（32.2%）及卖方（银行＋非银行，48.9%）。其中，买方分为传统股票多头基金（8.0%）、传统对冲基金（10.3%）和量化基金（13.9%），卖方则分为银行（6.6%）和非银行机构（42.3%）。根据彭博对各类投资者算法交易占比的估算数据，浙商证券测算美国广义量化算法的交易额占比的过程如表 2-2 所示。

表 2-2 浙商证券测算美国广义量化算法的交易额占比的过程

| 交易类型 | | 占市场总交易的比重（%） | 其中算法交易的占比（%） | 该类投资者算法交易占市场总交易的比重（%） |
|---|---|---|---|---|
| 散户 | | 18.9 | 10.0 | 1.9 |
| 机构买方 | 传统股票多头基金 | 8.0 | 75.0 | 6.0 |
| | 传统对冲基金 | 10.3 | 75.0 | 7.7 |
| | 量化基金 | 13.9 | 100.0 | 13.9 |
| 银行 | 低频交易 | 3.7 | 25.0 | 0.9 |
| | 高频交易 | 2.9 | 100.0 | 2.9 |

续表

| 交易类型 | | 占市场总交易的比重（%） | 其中算法交易的占比（%） | 该类投资者算法交易占市场总交易的比重（%） |
|---|---|---|---|---|
| 非银行机构 | 做市商 | 34.0 | 100.0 | 34.0 |
| | 独立高频交易 | 8.3 | 100.0 | 8.3 |
| 广义算法交易占市场总交易的比重 | | | | 75.6 |

同时，浙商证券在其研究报告中也指出，根据彭博数据，从美国买方基金的历史交易额占比数据来看，自2014年开始美国买方机构不断减小传统对冲交易和传统股票多头的交易占比，从2011年开始增加高频量化基金的交易，但是低频量化基金的交易规模在缩小。目前，机构投资者对于高频量化基金的交易超过了低频量化基金的两倍。

3. 美国Smart Beta ETF市场的发展情况

根据深交所研究报告数据[①]，从数量来看，2000—2018年美国新发Smart Beta ETF的数量呈逐年上升趋势。自2015年以来，美国每年新发Smart Beta ETF的数量突破100只，在新发ETF中占据主导地位。其中，2017年新发Smart Beta ETF 146只，占ETF发行总数的57.3%（其中主动型占19%）；截至2018年10月，美国挂牌Smart Beta ETF 1 015只，占所有ETF的46.7%。从规模来

---

① 李彩云，吴思思，等. 美国SmartBeta ETF市场特征、发展逻辑及经验启示. 微信公众号"深交所研究"，2019-12-18.

看，自 2000 年以来 Smart Beta ETF 资产规模亦增长迅速，且趋势与 ETF 市场几乎一致。截至 2018 年 9 月，美国 Smart Beta ETF 资产规模约为 8 000 亿美元，占 ETF 资产规模的 22％。此外，根据深交所研报的数据总结，多因子、基本面与等权策略的 Smart Beta ETF 在 Smart Beta ETF 中的占比过半，已逐渐成为 Smart Beta ETF 市场创新的主流方向。

## 2.2 中国量化基金的发展及现状

欧美等发达资本主义市场的量化投资风潮从 20 世纪 70 年代开始兴起，90 年代就已经达到相当的规模，而中国的量化基金起步相对较晚。2002 年 11 月发行了华安中国 A 股增强指数基金，成为我国第一只采用指数增强策略的量化基金产品。2004 年，中国市场出现了第一只采用主动量化策略的基金——光大保德信量化核心证券投资基金。我国量化基金发行的重要时间节点如图 2-1 所示。

量化投资是一种以数据为基础、以投资人员构建的数据分析计算模型为核心且通常以程序化交易形式呈现的交易方式，量化投资的发展实际上是投资管理技术与计算机技术在不断进步的过程中相互结合而产生的。自出现至今，我国的量化基金仅仅走过了 20 年的发展历程。在量化基金行业不断发展壮大的这 20 年里，随着国内外市场环境的变化以及自身投资研究水平的提升，我国量化基金的总

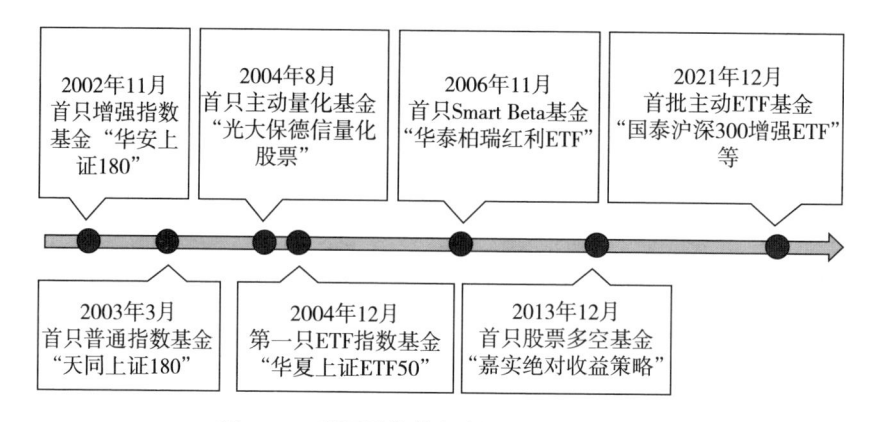

```
2002年11月          2004年8月           2006年11月          2021年12月
首只增强指数        首只主动量化基金    首只Smart Beta基金  首批主动ETF基金
基金"华安上         "光大保德信量化     "华泰柏瑞红利ETF"   "国泰沪深300增强ETF"
证180"              股票"                                   等

        ●──────●───●──────────●──────●──────●──────▶

        2003年3月         2004年12月         2013年12月
        首只普通指数基金   第一只ETF指数基金  首只股票多空基金
        "天同上证180"      "华夏上证ETF50"    "嘉实绝对收益策略"
```

**图 2-1 我国量化基金发行的重要时间节点**

资料来源：太平洋证券研究院，数据截至2021年12月31日。

体发展表现出明显的阶段性特征。结合各个年度量化基金市场数据以及专业投资机构对相关数据的分析，我们可以大致将我国量化基金的发展过程划分为三个阶段。

1. 初期探索阶段——2010年之前

2010年之前，我国量化基金的规模小、数量少且投资策略较为简单，处于探索阶段。在这一时期，由于我国没有为量化投资提供对冲手段的金融工具，我国证券市场处于一种只能进行单边做多的状态，因而量化投资发展较为缓慢。2004年8月，光大保德信基金发行了我国首只借鉴了量化投资管理理念的基金——光大保德信量化核心证券投资基金；2004年12月30日，华夏基金成立了我国第一只ETF指数基金——华夏上证ETF50。在此之后的数年内，我国的公募量化基金主要是指数型基金。在这一阶段，可以说仅有零星的几家公募基金机构从事量化交易投资，各机构的量化基金产品发行呈现发行交易体系尚未完全建立、市场总体规模较小,然而单只基金规模却普遍较大的大致格局。2010年之前,量化基金发行的数量虽然并不多,但是涵盖了ETF、普通指数、增强指数和主动量化等几种类型,且出现了多只50亿元以上规模的量化基金。我国量化基金的总体规模在2007年突破千亿元。到2010年底,我国市场共有各类量化基金80只,总体规模达到2 508.7亿元,为接下来10年内量化基金的迅速发展奠定了坚实的基础。

2. 量化投资策略丰富阶段——2010—2015年

受2007年美国次贷危机的影响,一批海外量化对冲基金的专业人才选择回国发展,我国量化人才队伍得到了有力的扩充,并带来了海外量化投资的先进经验与相对成熟的技术。除了专业人才的流入以外,2010年4月沪深300股指期货的上市提供了一种良好的对冲工具,由此我国的量化投资也开始正式起步,因此2010年也被称为中国量化投资的元年。2011—2013年,我国量化投资处于较快成长阶段,随着股指期货、融资融券、ETF和分级基金的丰富和发展,券商资管、信托、基金专户和有限合伙制量化对冲产品也不断发行,这个阶段的量化投资才进入了真正意义上的发展阶段,促成这一局面的直接原因就是股指期货的出现。2014年被认为是"值得载入我国私募基金史册的一年",在这一年,中国证券投资基金业协会(以下简称中基协)开始推行私募基金管理人和产品的登记备案制,推动了私募基金的全面阳光化,加速了私募基金产品的发行,其中就包括量化对冲型私募基金产品。[①]

2015年,上证50和中证500股指期货的上市为量化投资提供了更丰富的对冲工具,促进了这一投资方式的进一步发展。在这一阶段,量化投资的主要发展体现在投资策略的多元化上。2012—2015年上半年,量化对冲类产品发展迅速,量化产品更多地采用市场中性类和期现套利类策略。上证50和中证500两只股指期货新品种的上市给量化投资带来了更多的策略,金融衍生品的不断丰富和发展也给量化投资带来了更多对冲策略,创造了更多套利机会。

但也正是在2015年,量化产品遭受了一定的挫折。2014年末,股市首先迎来大小盘风格转换,于是在2015年初市场上就出现了多家百亿元级的量化对冲私募基金。但自此之后,我国股市出现了非常严重的下跌,自2015年6月12日至7月9日,上证综指从5 178点暴跌至3 373点;自2015年8月18日至8月26日,上证综指下跌29%,创业板指数下跌32%;在2016年1月4日至1月7日的四个交易日内,我国股市两次触发熔断机制。股灾来临后,股指期货就被迫成为"下跌元凶"。在那之后,股指期货被限制手数的同时提高了保证金,被"套上枷锁"的股指期货年化贴水(期货价格低于现货价格)超过30%,极大地增加了对冲成本,给量化对冲造成了很大困难。[②] 2010—2015年量化基金的数量和规模如图2-2所示。

---

[①] 陈健,宋文达. 量化投资的特点、策略和发展研究. 时代金融,2016(29).
[②] 何傲鑫. 忽冷忽热!颠簸的量化私募发展史. 私募排排网,https://www.simu-wang.com/news/237925.html.

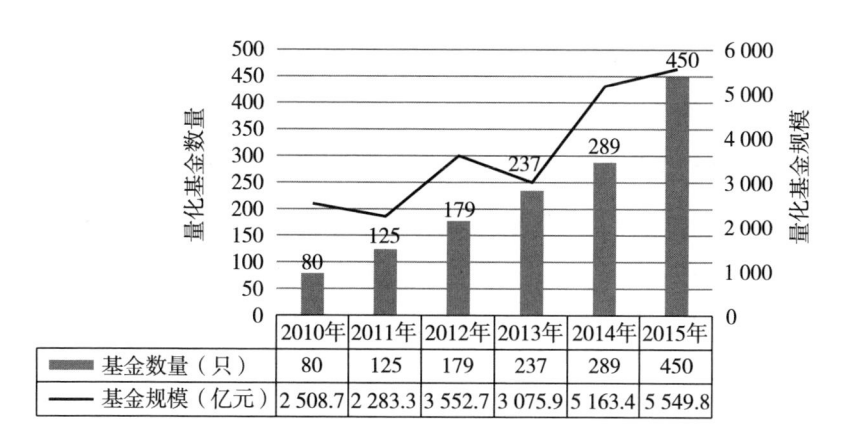

第 2 章 量化基金的发展及其影响因素 | 61

| 年份 | 2010年 | 2011年 | 2012年 | 2013年 | 2014年 | 2015年 |
| --- | --- | --- | --- | --- | --- | --- |
| 基金数量（只） | 80 | 125 | 179 | 237 | 289 | 450 |
| 基金规模（亿元） | 2 508.7 | 2 283.3 | 3 552.7 | 3 075.9 | 5 163.4 | 5 549.8 |

图 2-2 2010—2015 年量化基金的数量和规模

3. 量化投资的快速发展阶段——2016 年至今

自 2016 年以来，无论是量化公募基金还是量化私募基金都迎来了井喷式发展的时期，发行数量、总体规模以及配套制度相较于此前几个阶段都有了明显的增长和完善。2016 年 11 月，我国迎来了第一只以量化投资类基金为样本编制的标准化指数——北京基金小镇·中国量化基金指数，在发布时涉及国内量化私募基金样本超过 500 只，包含 1 只综合指数、7 只策略指数和 3 只地区指数，填补了我国量化投资行业指数体系的空白，推动了量化投资行业的标准化和规范化，为监管机构更好地做出监管决策、投资者更及时地把握市场当前动态提供了重要参考。据中信证券研究部估算，截至 2021 年第二季度末，国内量化私募基金管理资产总规模达到 10 340 亿元，在私募证券行业 4.87 万亿元总规模中的占比提升到 21%；而在 2017 年第二季度末，国内量化私募基金的总规模仅为 1 000 亿元。

数据显示[①]，截至2022年2月底，百亿元级量化私募基金管理机构的数量已达到28家[②]，这一数字在2019年是3家，在2020年是10家[③]。根据专业私募基金数据库朝阳永续的统计，截至2022年2月底，私募量化产品的数量达到2.48万只，比2020年末增长了35.1%，量化私募基金在私募基金整体中的占比也由2010年的3.7%提升至12.9%。截至2022年4月，在私募排排网检索采用量化策略的产品，显示共有10 061个私募基金产品以及407个公募基金产品；在中基协网站"私募基金公示"页面以"量化"为关键词进行检索，得到8 559条记录。在公募基金方面，太平洋证券研究院的数据显示，2021年共发行了395只量化公募基金，量化公募基金总数量达到1 337只，全年总规模接近2 300亿元。因此，无论是从数量还是从规模来看，我国公募、私募量化基金相较于此前两个发展阶段都有了非常明显的提升，相比之下私募量化基金成为量化基金市场的主力军。

时至今日，量化投资的规模已突破万亿元。随着这一投资模式的规模不断扩大，技术手段日益成熟，其早已成为市场上不可忽视的重要力量。从其本身的含义去理解，量化投资是对一种投资决策方式的描述。随着互联网信息传输、大数据处理能力的提升，基于金融计量学和计算机技术的量化投资策略与计算公式也会进一步升

---

[①] 私募基金投资研究专业网站"私募排排网"，https://www.simuwang.com/hybg/.
[②] 中金：开年以来私募量化基金表现如何?. 中金公司微信公众号"中金量化及ESG"，2022-03-18.
[③] 张晓燕，张远远. 量化投资在中国的发展及影响分析. 清华金融评论，2022 (1).

级,这将更加考验各投资机构的数据分析能力和适应新市场形势的能力。自 2004 年首个量化产品诞生至今,在近 20 年的时间内,我国证券市场正在逐渐接受量化投资的存在,同时也在与量化投资相互影响——证券市场交易规模的不断扩大以及交易风格的变化为量化投资的计算模型提供了日新月异的分析基础,而量化投资的发展也可能对我国证券市场的投资者结构产生深刻影响,提高专业的机构投资者在整体投资者群体中的比例。普通中小投资者或许尚不清楚量化策略内部的分析计算原理,不明白用于数据分析的各种因子究竟为何物,也无法透彻理解量化投资中 $\alpha$ 和 $\beta$ 的真正含义,但他们中的相当一部分人会意识到量化投资这一方式的存在并尝试去了解,甚至在不断深化了解的基础上,基于对计算机大数据分析能力的信任,会有越来越多的普通投资者愿意投资于量化产品,成为量化投资大潮中的一部分。尽管量化投资此前在我国的发展并非一帆风顺,但在多方专业人士的不懈努力下,在我国证券市场相关配套规则不断完善的大背景下,量化投资在可见的将来依然会是市场上的一股重要力量。

## 2.3 量化基金的市场风险及其影响因素

### 2.3.1 量化基金的市场风险

量化基金所采用的通过构建模型对市场数据进行量化分析并利

用计算机系统将分析结果予以实现的投资方式，与其他传统的主动型投资一样，是为获取超额收益而采用的一种手段和分析方法。采取各种方法对市场行情进行分析本身无可厚非，但是量化投资所使用的程序化交易模式以及可能存在高频交易的特征往往会因其独特的技术特征而可能对市场正常秩序造成一定的不利影响。伴随着程序化交易，尤其是高频交易的发展，各国证券监管机构也逐渐注意到这一交易方式所带来的市场风险，并对其风险进行有针对性的监管。

  基于前文对相关概念的阐释，在此首先需要进一步明确我们所要讨论的一些概念的范畴，包含量化交易、程序化交易以及高频交易。从定义来说，程序化交易是指一切通过既定程序或特定软件自动生成或执行交易指令的交易行为和技术。而高频交易的概念重点是一种采用高速度和高频率的自动化证券交易方法或策略。采用高频交易策略的机构并不以长期持有股票为目的，或者说并非一种传统意义上的价值投资。高频交易通过对市场数据的快速获取以及定量分析，在数据层面完成对股票量化价值的判断。随着数据指标的不断变化，高频量化模型也会在最短的时间内按照程序设定完成买卖操作。2011年，国际证监会组织针对高频交易给出了六条识别标准，分别是：使用复杂的技术手段，会使用包括做市、套利在内的多种交易策略；高频交易是一种高级的数量工具，会在市场分析、选择交易策略、最小化交易成本、执行交易等整个交易过程中用到算法；日内交易频繁，大部分订单最终会被取消；隔夜头寸数量很少甚至没有隔夜头寸，以免发生隔夜风险，减少占用的保证金；使用高频交易的多是自营交易商；高频交易一般会采用电子直连方式或将其服务器架设在更靠近交易所服务器的位置，即邻近服务。

对于量化基金而言，不同策略的产品对于程序的依赖程度是不同的。有的是依靠程序进行分析并根据分析结果完成相应的交易行为；而有的只是依靠程序对各种市场指标进行量化分析，由投资人员根据计算机程序分析得出的结论人工执行交易。在量化投资与高频交易这两个概念的关系上，相当一部分量化基金会采取高频交易策略，但相应地，也就有一部分量化基金采取的是中低频交易的模式。目前，各国的立法及监管实践主要是围绕程序化交易进行的，并将高频策略的操作方式作为监管重点，尽管高频交易只是量化投资的手段之一。出现这一情况的原因就在于高频程序化交易可能会对市场的正常交易秩序造成较大影响，且多国证券、期货市场已经出现高频程序化交易影响交易安全的案例，对于高频程序化交易的控制显然已经成为程序化交易整体监管问题存在的主要矛盾。从世界各国的立法例来看，欧美等国家和地区已经陆续出台了在技术层面规制高频交易的法规。

综合行业实践以及学界的主流观点，以量化投资为代表的程序化投资所体现出的风险主要包含以下几点：

第一，技术安全及稳定性影响市场秩序。量化投资的基础通常是由计算机运行设定好的程序算法，以发挥计算机比人工更加持续稳定计算的优势，但这一优势或许并非一直存在。首先，量化投资并不意味着完全不需要人为操作。量化模型由投资人员设计并将其编制成计算机程序，程序本身的设计及运行难免会出现问题，而这些问题一旦发生，就将在系统高频操作的加持下对市场造成非常严重的影响，可以参考2013年发生的著名的"光大证券乌龙指事件"：当天，光大证券使用的套利策略系统因其自身订单生成系统设计缺陷而出现问题，市场因此发生了剧烈波动，严重破坏了正常的市场交易秩序。目前，进行程序化交易的一般都是机构投资者，这些投资者为获取超额收益利用程序进行高频交易，当市场发生波动时，计算机程序可能会在短时间内进行大量自动分析交易，这给交易所的订单处理能力提出了巨大挑战。特别是在市场剧烈波动时，高频交易的订单发送量呈倍增态势，可能导致交易所系统承受巨大压力。其次，尽管量化投资程序的智能化程度较高，但是其仍需要依靠人工指令方可正常运行，如何保证系统接收的全部人工指令都符合各项交易规则以及正常的投资逻辑，同样是讨论量化投资风险时需要关注的问题，而目前实现这些目标主要还是依靠采用程序化投资方式进行交易的各个投资机构的内部风险控制，但仅依靠各机构自身的风险控制未免显得有些薄弱。

第二，量化投资所体现出的同质化交易倾向，有可能放大市场波动，造成系统性风险。所谓交易的同质化，是指部分市场参与者在面对相似的市场条件的情况下，以较为相似的价值判断逻辑与投资策略做出交易决策。同质化交易对量化基金的影响主要体现在两点：一是在程序化交易的高速度及巨量的信息传递下，当市场中存在一个无法被机器正确识别的异常信号时，若众多程序化交易者采用类似的交易策略，程序往往会做出相同或类似的交易选择，进而可能导致市场的大幅波动[①]；二是当各机构所采用的量化交易策略近似或相同时，由于各种策略存在一定的策略容量，相似策略下资金规模过大可能影响特定量化策略的有效性。目前，国内外专业机构对于量化分析模型的研究已经达到了一个较高的水平，形成了几类较为常见的量化投资模型，各机构投资者在使用这些模型时会对具体的参数标准进行改动，但是许多量化基金采用的模型在逻辑和结构上是高度相似的。在各机构使用的数据模型高度相似的情况下，交易程序在面临市场波动时很有可能给出类似的操作建议，这一问题在高频操作的推动下将会在短时间内放大波动信号，对市场正常的交易秩序产生冲击。实际上，交易的同质化并非量化交易特有的问题，甚至在传统的主观投资领域更加常见。早在 2007 年美国次贷危机之后，国外学界便展开了对金融同质化的研究。不过，对于使用高频策略的量化基金而言，其对市场秩序造成的潜在风险主要体现在对市场信号的程序化反应上，而这与传统投资同质化影响的特征有所区别。

第三，量化投资所使用的高频交易技术手段，使得机构投资者与普通投资者之间的交易条件产生了显著差异，可能影响市场公平。不同于境外发达资本主义国家市场以机构投资者为主，我国证券市

---

① 佟伟民. 程序化交易及其监管. 中国金融，2017（4）.

场中占据最大比重的是散户等中小投资者。对于普通中小投资者而言，其并不具备实施量化投资的技术手段和能力，在信息交互处理的速度上与使用高频交易程序的专业机构相比存在较大差距，这就意味着不同类型的投资者在交易条件与交易操作环境上存在显著的不同，国内的部分私募量化头部机构更是将具有极强运算能力的超级计算机引入量化分析的工程中。① 技术在为行业带来变革的同时，也不可避免地表现出"双刃剑"的特点。一方面，市场中存在的量化交易将会在一定程度上有利于缩短股价达到平衡价格的周期，增强市场的有效性；另一方面，我国证券市场投资者结构在短期内不会改变，在大量的个人投资者参与的情况下，个体的力量完全无法与作为金融科技创新的高频量化交易技术相提并论。虽然有人认为不能将中小投资者难以有能力利用量化手段参与市场投资的现状视作不公平，但证券法的原则是在提高市场运行效率与保护各类投资者权益之间寻求相对平衡，不能以绝对的市场思维来考量监管思路。若不对高频量化交易带来的交易优势加以任何限制，中小投资者将因为其较弱的交易能力和较差的交易条件而在市场中丧失竞争力。除此之外，以伊士顿操纵期货市场案为代表，利用高频交易手段从事市场操纵的违法行为，同样也是滥用金融科技损害市场整体利益的体现，也是监管机构面对程序化交易监管问题值得参考的典型案

---

① 国内头部私募量化机构"幻方量化"官网信息显示，其已经将"萤火一号""萤火二号"两台超级计算机用于量化交易的人工智能分析，其中"萤火二号"的总体峰值计算速度可达每秒 156 亿亿次。具体信息请见幻方量化官方网站 https://www.high-flyer.cn/。

例。需要说明的是,无论是主观交易还是量化交易,都可能存在使用违法手段或滥用本身合法的技术规避监管的情况,但操纵市场是各国证券监管机构都无法容忍的违法行为,任何通过主动施加影响使得市场价格背离价值规律的行为都是对证券市场正常运行秩序的破坏,是违背证券法基本原则的行为,也是我们必须意识到的潜在风险因素。长久以来,我国的证券交易所及监管机构始终对证券交易行为实施一定强度的监控,但高频量化交易与传统的交易行为相比呈现出的新特点及新影响,依然在提示交易所及各级监管机构不断更新对异常交易行为的认识和理解,从而更好地担任证券市场秩序"守护者"的角色。

综合来看,对于以量化投资为代表的程序化交易的监管,需要从其技术手段带来的风险入手,这也正是当前各国监管政策的主要方向,也是我国后续针对程序化交易立法的主要目标。而同质化交易倾向及金融科技发展带来的机构与普通投资者交易条件的不平等,虽然不是量化交易特有的问题,但因为高频量化交易自身的特征,仍有可能在一定情况下影响市场的公平与秩序,同样也是不可忽视的监管问题。

## 2.3.2 影响量化基金发展的因素分析

追求稳定的超额收益的量化投资往往分散投资目标,在市场中选取多只依据历史投资概率极有可能获胜的股票组合,因此,与传统基金相比,其持股范围相对较广,持股数量往往也较多。量化交易的广度也使其易受到市场环境及市场整体交易情况的影响。总体而言，影响量化基金发展的市场因素主要有以下几个方面：

1. 市场的有效性

量化投资的重要理论基础之一是法马提出的有效资本市场假说（EMH）。根据该理论，如果市场是完全有效的，每个交易者都能够及时、充分地获取所有与证券价格相关的信息，那么价格就应该及时、充分地反映出证券真实的内在价值。在这种情况下，除非投资分析师获取更多的新信息或者对已有信息有新的解读，否则其对证券价格的预测及分析往往并不具有高价值，更不能够作为构建量化模型并利用市场机会获取超额收益的依据。换言之，在市场有效性不足的环境下，量化策略发挥优势的余地更大。

在我国，A股市场的发展历史较短，市场的有效性偏弱。市场上被错误定价的股票相对较多，那么留给量化投资策略去挖掘市场的无效性、寻求超额收益的潜力和空间也就更大。相比定性投资，现阶段A股市场的特点更适合量化投资这种客观、公正且理性的投资方式。股票市场复杂度的提高已对传统定性投资基金经理的单兵作战能力提出了挑战。市场的有效性偏弱，量化投资策略才能发挥作用。

2. 市场的流动性

市场的流动性即市场成交的情况，流动性强、活跃度高的市场对量化基金的发展存在利好。具体而言：首先，在正常交易的过程中，投资者需承担买卖之间的价差带来的交易成本，若市场成交量较小，流动性弱，价差区间就会比较大，相应地交易成本也会更高；若市场成交量较大，流动性强，则价差比较小，相应地交易成本会更低。其次，活跃度高、流动性强的市场往往意味着更多的交易机会，在投资者对市场整体趋势看好的情况下，大量资金纷纷入场，投资者投资热情高涨，敢于追高买入，从而有利于量化投资策略从大量交易中把握短线交易。

3. 市场的波动性

较大的市场波动有利于采用高频交易策略的量化基金，因为高频交易获取的收益并非上市公司基本面的收益，更多的是短期的价差收益在一定时期内的累积。若市场波动区间较小，价差收益也会比较少，从而影响量化投资者的长期收益。投资者参与市场交易的成本包含手续费及相应税费，若市场波动性带来的价差收益尚不足以覆盖投资者支付的交易成本，其参与市场的热情与信心也会大大削弱，进一步引发市场流动性及活跃度的降低。

4. 投资工具的种类

投资标的与投资工具的创新与发展使得量化投资的工具与策略更加丰富。以我国股指期货为例，在其推出之前，量化基金在股票端的主要策略是多头选股，期货则主要集中在商品期货。2010年4月16日，中金所推出了沪深300指数股指期货，从而使量化投资发展至一个新的阶段。股指期货给量化投资带来的推动主要体现在三个方面：其一是为股票端策略提供了有效的对冲工具，其二是丰富了CTA策略中流动性强的交易品种，其三则是衍生出一系列与

ETF 相结合的期现套利等策略。

在股指期货之后，国债期货、50ETF 期权、IC/IH 两大股指期货、融资融券、分级基金、可转债等一批新的标的与工具的出现进一步促进了量化策略的优化。尽管如此，与海外市场相比，目前国内资本市场并不完善，相应的投资工具种类仍然有限，因此，不少在海外广泛应用的量化投资策略在当前的国内市场中并无用武之地。

5. 监管对市场交易的限制

如前所述，创新投资工具的出现能够加速量化策略的发展。但在我国目前的交易环境下，股指期货等工具推出后受到了较为严格的监管政策限制。2015 年股市异常波动之后，国内股指期货交易受到限制。此后至今的大部分时间，股指期货交易处于贴水状态，流动性大幅缩水，较小的体量决定了股指期货无法正常发挥有效对冲风险的作用。尽管中金所于 2017 年对股指期货交易规则进行调整，一定程度上增强了股指期货市场的流动性，但目前尚无实质性改观，这不仅使得一些股指期货套利策略几乎不可行，而且以股指期货作为对冲工具的市场中性投资策略的收益也受到很大影响。

6. 市场风格轮动

在传统的主动管理基金中，基金经理可能对某一或某些特定行业的研究较为深入，而量化基金的专长则在于分散化投资，在诸多行业板块之间广泛地捕捉交易机会。在市场抱团特征明显的情况下，热点长期持续集中在一两个赛道上，量化基金的优势或许还不明显，但在市场风格轮动的情况下，量化基金这种分散化投资的方式使得其能获取更多的累积收益。近年来我国出现量化基金收益率整体跑赢主动基金的情形,也是由于市场板块之间轮动明显,热点不停切换,如第一季度的热点可能还聚焦于医药消费板块的行情,到第二季度新能源等行业的周期板块就已持续走强。

7. 投资者的结构

当市场格局中散户占据"半壁江山"时,就可能存在大量无效的投资决策与交易执行,从而为市场中的错误定价或非理性定价提供滋生空间,这种情况有利于量化机构大量捕捉交易机会。只要市场的波动率足够高、交易活跃度/成交量足够高,量化模型就容易获取超额收益。

8. 市场情绪

市场情绪作为行为金融学领域的基本理论之一,本质上是投资者基于对资产未来现金流和投资风险的预期而形成的一种信念。不同投资者对同种投资标的可能会存在不同的信念,且该信念并不一定能够准确地反映客观事实。然而,一旦投资者的情绪或信念具有较强的社会性或普遍性,投射在市场中,其行为就会在互动机制的作用下趋于一致,从而影响市场定价。量化模型自身的投资决策与交易执行过程能够排除人为"情绪"的干扰,但量化研究员进行策略设置时却无法不去考虑市场中其他参与者的情绪,量化投资策略中一个重要的分类即为市场情绪择时策略,该策略利用投资者的热情程度来判断大势方向。人天生趋利避害、厌恶风险,当市场上涨时,人们的投资情绪也会随之高涨,投资者可能变得贪婪,愿意进一步提高资产的投资比重,从而助长大盘进一步的上涨趋势;反之亦然,当市场下跌时,投资者情绪受挫,担忧及恐慌心理使其丧失了原有的投资信心,可能会纷纷卖出股票、撤出市场,在这种情况下,大盘可能会继续下跌。以 2022 年初 A 股市场的恐慌式下跌为例,A 股市场外围和内部环境可能并未发生质的变化,但由于宏观层面受到国内疫情、稳增长预期及美联储加息缩表、地缘政治冲突等因素的扰动,市场的恐慌情绪、投资者信心的下降和部分资金的负反馈效应成为 A 股市场的症结所在,量化基金在交易活动中也不可避免地需要考虑到近期市场情绪对大盘的影响。

综上所述,量化基金发展过程中存在的各类市场因素及其具体影响机制可汇总为表 2-3。

表 2-3 影响量化基金发展的因素

| 各类市场因素 | 具体影响机制 |
| --- | --- |
| 市场的有效性 | 在市场有效性偏弱的环境下,留给量化投资策略去挖掘市场错误定价、寻求超额收益的潜力和空间相对更大。 |
| 市场的流动性 | 流动性强、活跃度高的市场对量化基金的发展存在利好,相较而言交易成本会更低且会带来更多的交易机会。 |
| 市场的波动性 | 较大的市场波动有利于采用高频交易策略的量化基金。 |
| 投资工具的种类 | 投资标的与投资工具种类越丰富,越有利于量化投资工具及策略的创新与发展。 |
| 监管对市场交易的限制 | 较为严格的监管态度及政策可能会在一定时期限制量化基金规模的增长。 |

续表

| 各类市场因素 | 具体影响机制 |
| --- | --- |
| 市场风格轮动 | 市场板块之间轮动越明显,热点切换速度越快,越有利于量化基金这种分散化投资方式获取更多的累积收益。 |
| 投资者的结构 | 在投资者中散户占比较大的情况下,市场中错误定价或非理性定价的滋生空间较大,有利于量化机构投资者大量捕捉交易机会。 |
| 市场情绪 | 当投资者对市场的乐观或恐慌情绪较为一致时,可能影响市场定价及整个大盘的走势,从而影响量化模型自身的投资决策与交易执行过程。 |

# 第 3 章/Chapter Three
# 量化基金策略的选择与运用

## 3.1 量化基金策略概述

### 3.1.1 什么是量化策略

量化策略就是运用数字化的时间或信号，将一些序列预设的模式分别在不同的触发条件下启用，从而实现投资目标的方案集合。量化策略通过一套固定的逻辑来分析，而不是单凭人的感觉或直觉来进行判断和决策。

量化策略通常是自动执行的，但也可以是人工执行的。比如，通过技术指标或财务指标选股其实也是一类量化策略，只是执行部分可能通过人工进行。一旦交易策略被写入代码或者程序中，就可以称为量化交易,一切的交易行为开始自动执行。在期货、基金、外汇等金融交易中,自动化交易策略是简单的。但注意,自动化交易策略和开发有效的交易模型是两个概念。

量化交易最大的优势就是可以避免情绪波动引起的冲动。量化是一种方法,更注重方法本身的科学性,希望方法本身是严谨的,结论是可以定量的。事实上,这种方法的准确性很差,它一般会使用统计学方法定量分析其准确率有多差、优势有多微弱,同时通过大量的交易行为去放大这种微弱的优势。而量化策略就是基于这样的一种自我认知来构建的策略体系。

几乎所有的投资策略其实都可以用量化的方法来构建,行业内现有的一些量化策略也正是基于以上一些策略思想来构建的。例如,前文提到的"没有策略"就很容易通过随机的方法来实现,而这种策略所能取得的投资效果很大程度上可以用"小市值公司"这一异象来解释。市值因子是量化领域一个非常重要的风险因子。在主动投资与被动投资的选择中,量化策略其实选择了二者。很多量化策略自然都是主动投资策略,但是在被动投资、指数化投资领域中极其重要的投资工具如ETF其实完全依赖量化模型来构建其实际的股票持仓组合。动量交易、价值与成长、股息增长投资这些都是经典的量化研究因子。买入并持有与量化策略没有直接关系,却是量化策略的一个重要基准。买入并持有策略的相对优势其实取决于市场的有效程度,但是如果涉及应该买入并持有什么资产,这又是一个可以量化的问题。多空策略、配对交易本身就是量化策略常用的策略构建手段。

### 3.1.2 量化投资策略的收益原理

人们主要基于历史数据研究资产价格的变动规律,并希望根据发现的规律更为科学地构建自己的投资策略。由于金融市场的很多行为很难直接建模,因此量化交易的模型基本是基于统计学方法来构建的。例如,投资行业借鉴的一些自然语言处理和机器学习模型本质上依然是统计模型。同时,这也是量化策略的局限性所在,它一般很难基于逻辑对未来可能出现的情况进行预测,而是更擅长使用历史数据来做基于统计的预测。

量化投资并不等于自动化交易。自动化交易执行的可能是一项基于主观判断的投资决策,例如,如果主观希望买入大量股票,一项根据时间慢慢买入的自动化执行策略可以很好地减小买入行为对市场的冲击。而一项基于量化研究得到的投资决策也可以通过手动交易来实现,这取决于实际交易任务的繁重程度,即究竟是人类交易员执行效率更高,还是由一个交易算法去执行更优。

量化投资也不等于高频交易,量化交易可以是高频的,也可以是低频的。高频交易也不全是量化交易,我们经常观察到一些使用纯手动交易的交易员也可以达到很高的交易频率;在一些细分的高频交易领域,到目前为止一些最优秀的投资纪录甚至一直是由人类交易员保持的。

因此,如图 3-1 所示,量化交易是通过如下的量化分析方法延

第3章 量化基金策略的选择与运用 | 79

伸了主观交易从而获取收益的。

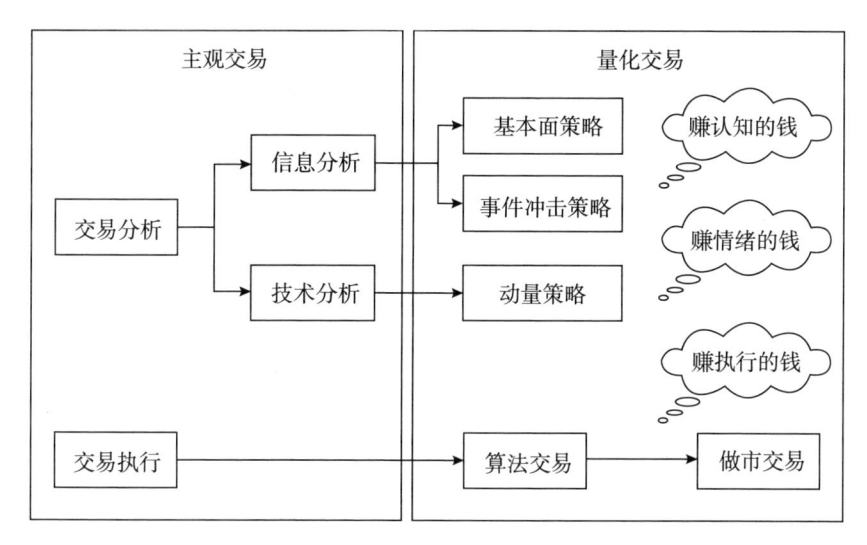

**图 3-1 量化交易的收益原理**

现实中，存在一些理解上有争议的量化概念，主要有：

（1）阿尔法收益（$\alpha$ 收益）与贝塔收益（$\beta$ 收益）。在了解量化投资策略时，难以避免的两个概念是阿尔法收益和贝塔收益。早在 1964 年，美国学者威廉·夏普等人提出的资本资产定价模型中就有对阿尔法收益和贝塔收益的论述。随后，夏普在其 1969 年发表于《金融学期刊》的一篇文章中提到，金融资产收益率可以拆解为两部分：一部分为随市场波动的贝塔收益，另一部分则是不随市场波动的阿尔法收益。忽略除此之外的一些残值收益，资产收益率可以总结为如下公式：

$$资产收益率 = \alpha + \beta \times [E(R_m) - R_f]$$

式中，假设大盘的平均收益率是 $E(R_m)$，无风险利率是 $R_f$（可以理解为资产的时间价值），那么市场基准收益率就是 $E(R_m)-R_f$。对于具体的某种资产来说，还要在市场基准收益的基础上乘以该资产相对于大盘的敏感度系数 $\beta$ 以反映其贝塔收益。$\beta$ 系数体现该资产收益相对于市场基准收益的总体波动性，实质上是对大盘的偏离，也就是系统性风险的放大或者缩小。$\beta$ 越大，意味着资产相对于基准的弹性和波动就越大，如果市场大势上涨，那么该资产会涨得更多，反之亦然。

由此可知，所谓的贝塔收益，实为大盘整体上涨带来的收益，而资产收益与大盘波动收益的差值即为阿尔法收益。贝塔收益是市场波动带来的收益，是被动收益；而阿尔法收益是依靠管理、择时、择股等主动手段跑赢大盘/市场波动的收益，是主动投资的回报。假如购买的股票价格是 10 元，其 $\beta$ 系数为 2，大盘上涨 10%，则该股票上涨 20%，此时股票价格是 12 元，贝塔收益是 2 元，但投资者的资产却是 15 元。扣除贝塔收益后，剩下的 3 元即为阿尔法收益。由于跑赢大盘、获得超额收益更加困难，因此阿尔法收益成为衡量策略、交易者或投资组合经理能力的重要标准。不同模式的量化策略往往追求不同的收益目标。

阿尔法收益理论上是"因为更聪明，所以能赚到的超额收益"，但因为聪明程度无法测度，所以可测度的阿尔法收益是"相对于比较基准的超额收益"。但事实上，跑赢比较基准的因素多种多样（聪明、幸运、承担风险等），因此，很难区分阿尔法与 Smart Beta 收益。

(2)多因子。多因子是量化对人脑决策的一种模仿。每个因子是一个决策依据,多因子就是统筹考虑多个决策依据进行决策的典型主观决策过程。基本面、事件、动量的量化分析都可能形成多因子,大多数量化策略都会基于因子做判断。因此,多因子策略不是一种策略,多因子是大多数量化策略的普遍特征。

(3)风险中性。首先,要明确相对于什么风险的中性。风险有多种,所以中性亦有多种。一般意义上的中性是指对于市场指数 Delta 的中性。其次,要明确何时中性。时时刻刻都保持中性(Delta=0)是不可能的(因为对冲工具的 Delta 不恒为 1),可测度的中性只能是日间 Delta 为 0。因此,实践中所说的中性是指"相对于某市场指数的 Delta 的日间中性"。

(4)绝对收益与相对收益。

绝对收益,本意是某策略的投资目标不是跑赢某基准,而是获得正利润。若以此观点看,所有在原理上与指数或其他市场基准不挂钩的策略都是绝对收益策略。

相对收益,本意是某策略的投资目标是跑赢某基准,而不是获得正利润。若以此观点看,所有在原理上与指数或其他市场基准挂钩的策略都是相对收益策略。

(5)类固定收益,即某策略的绝对收益是如此稳定,以至于类似于固定收益产品的表现。但历史业绩稳定不代表未来业绩稳定,所以类固定收益策略的判定需更多依赖对其策略原理的理解,并确认其亏损事件是小概率事件。

(6) 套利交易。套利交易，本意是将违背一价定律的市场错误转化为利润的策略。但随着市场有效性的增强，违背一价定律的情形越来越罕见，所以该概念被泛化为所有有均值回归可能性的组合交易。

### 3.1.3 量化策略的分类

按照不同的分类标准（见表3-1），常见量化策略及分类如表3-2所示。

表3-1 量化策略的分类标准

| 分类依据 | 类别 | 主要特征 |
| --- | --- | --- |
| 按策略属性 | 主观策略 | 以人的主观判断（分析/感觉/直觉）为依据，实现投资盈利目标的方案集合 |
| | 量化策略 | 通过一套固定的逻辑将时间或信号数字化，实现投资盈利目标的方案集合 |
| 按投资资产 | 股票策略 | 投资于股票、被动式股票基金的策略 |
| | 期货策略 | 投资于商品期货、股指期货的策略 |
| | 期权策略 | 投资于场内期权、场外期权的策略 |
| | 债券策略 | 投资于债券、债券衍生品（期货、期权、互换等）的策略 |
| | 基金（FOF）策略 | 投资于不同风格及逻辑的基金，以整合优势策略和优势逻辑，从而分散风险的策略 |
| 按收益属性 | 单边多空策略 | 基于研究，产生价格方向判断，对金融工具进行单边买入或单边卖出 |
| | 对冲策略 | 同时使用两种及以上的经济相关或统计相关的金融工具，从而对冲掉投资者不愿承担的风险 |
| | 套利策略 | 在不同市场或不同交易期限上，以有利的价格同时买入并卖出同种或本质相同的金融工具 |

续表

| 分类依据 | 类别 | 主要特征 |
|---|---|---|
| 按技术路线 | 基本面策略 | 基于基本面信息（宏观、财务、供需关系、产业链等），以价值及风险为研究对象的策略 |
| | 技术面策略 | 基于技术面信息（动量、趋势、波动、市场结构等），以市场情绪及预期为研究对象的策略 |
| 按交易速度 | 高频策略 | 交易执行在秒/毫秒级时间段完成 |
| | 中频策略 | 交易执行在分钟/时/日时间段完成 |
| | 低频策略 | 交易执行在日/周/月/年时间段完成 |
| 按收益特征 | 相对收益策略 | 以业绩跑赢市场比较基准为目标，其表现与市场价格的变动有较强相关性 |
| | 绝对收益策略 | 以获取绝对收益为目标，确保业绩与市场价格变动有较弱相关性 |
| | 类固定收益策略 | 以获取绝对收益为目标，确保业绩与主要市场风险（涨跌/波动/风格/期限）有较弱相关性 |
| 按策略信号 | 动量策略 | 评估市场动量，利用追随趋势获利 |
| | 反转策略 | 评估市场反转，利用趋势反转获利 |
| | 均值回归策略 | 评估市场不合理定价（偏离均值），利用定价回归合理获利 |
| | 多因子策略 | 用多个因子对市场特征进行评估及预测，利用有效预测获利 |
| | 配对策略 | 评估两个金融工具的价格关系，利用价格关系的偏离回归获利 |
| | 机器学习策略 | 不基于特征工程，而是由机器学习模型直接挖掘市场规律，利用有效预测获利 |
| | 其他策略 | 量化策略学科在不断进步，必然持续有新的策略类型出现 |

# 表 3-2 常见量化策略及分类

| 策略名称 | 策略原理 || 交易特点 |||| 风险敞口 |||| 策略分类 |||||||
|---|---|---|---|---|---|---|---|---|---|---|---|---|---|---|---|---|---|
| | 基本原理 | 补充说明 | 投资范围 | 持仓比例 | 交易频次 | 换手率 | 年化收益水平 | Delta（价格敏感度） | Vega/Skew（波动敏感度） | VaR（风格敏感度） | DV01（期限敏感度） | 按策略属性 | 按投资资产 | 按收益属性 | 按技术路线 | 按交易速度 | 按收益特征 | 按策略信号 | 策略举例 |
| 指数增强策略（选股指增） | 通过挖掘影响股票走势的各种因子并运用量化模型对有效因子进行组合形成股票组合，与基准指数保持良好的并跑赢业绩。 | 技术面因子（动量、量价、情等）占比增加；通过机器学习模型挖掘的因子有所增加。 | 股票、挂钩股票收益的TRS、被动基金 | 90%~100% | 日内换仓 日/周/月度换仓 | 10~70倍 | 超额收益10%~30% | 高 | 不相关 | 高 | 不相关 | 量化策略 | 股票策略 | 单多头策略 | 基本面策略、技术面策略 | 中频策略、低频策略 | 相对收益策略 | 多因子策略、机器学习策略 | 300指增、500指增、1000指增 |
| 指数增强策略（套利指增） | 使用期货、期权等衍生品复制指数收益，根据交易时产品在不同月份的期货、期权之间进行套利，以获取增强收益。 | | 股指期货、股指期权、ETF | 90%~100% | 日内实时换仓 | 10~30倍 | 超额收益8%~20% | 高 | 不相关 | 不相关 | 中/低 | 量化策略 | 期货策略 | 套利策略 | 基本面策略、技术面策略 | 高频策略、中频策略 | 相对收益策略 | 均值回归策略、多因子策略、其他策略 | |

第3章 量化基金策略的选择与运用 85

续表

| 策略名称 | 策略原理 | | 交易特点 | | | | 风险敞口 | | | | 策略分类 | | | | | | |
|---|---|---|---|---|---|---|---|---|---|---|---|---|---|---|---|---|---|
| | 基本原理 | 补充说明 | 投资范围 | 持仓比例 | 交易频次 | 换手率 | 年化收益水平 | Delta（价格敏感度） | Vega/Skew（波动敏感度） | VaR（风格敏感度） | DV01（期限敏感度） | 按策略属性 | 按投资资产 | 按收益属性 | 按技术路线 | 按交易速度 | 按收益特征 | 策略举例 |
| 空气指增策略 | 通过挖掘影响股票走势的各种因子，运用各类量化模型对有效因子进行组合，形成股票组合，以跑赢业绩基准指数为相对收益要求。 | 技术面因子（动量、情绪等）占比增加；通过机器学习模型挖掘的因子有所增加。 | 股票、挂钩股票收益的TRS、被动基金 | 30%~100% | 日内换仓 日/周/月度换仓 | 10~70倍 | 超额收益10%~30% | 高 | 不相关 | 高 | 不相关 | 量化策略 | 股票策略 | 单边多头策略 | 基本面策略、技术面策略 | 中频策略、低频策略 | 相对收益策略 | 多因子策略、机器学习策略 |
| 灵活对冲策略 | 通过挖掘影响股票走势的各种因子，运用各类量化模型对有效因子进行组合，形成股票组合，对业绩基准指数较大时进行部分/全部对冲，以增强收益。 | 技术面因子（动量、情绪等）占比增加；通过机器学习模型挖掘的因子有所增加。 | 股票、挂钩股票收益的TRS、股指期货、股指期权 | 90%~100% | 日内换仓 日/月度换仓 | 10~70倍 | 绝对收益10%~30% | 高 | 不相关 | 高 | 中/低 | 量化策略 | 股票策略 | 对冲策略 | 基本面策略、技术面策略 | 中频策略、低频策略 | 绝对收益策略 | 多因子策略、机器学习策略 |

续表

| 策略名称 | 策略原理 ||  交易特点 ||||  风险敞口 ||| 策略分类 ||||||
|---|---|---|---|---|---|---|---|---|---|---|---|---|---|---|---|
| | 基本原理 | 补充说明 | 投资范围 | 持仓比例 | 交易频次 | 换手率 | 年化收益水平 | Delta（价格敏感度） | Vega/Skew（波动敏感度） | VaR（风格敏感度） | DV01（期限敏感度） | 按策略属性 | 按投资资产 | 按收益属性 | 按技术路线 | 按交易速度 | 按收益特征 | 按策略信号 |
| 市场中性策略 | 通过构建超越指数的组合，以股指期货或其他工具对冲大盘下跌风险，获取独立于大盘的因子超额绝对收益。 | 技术面因子（动量、量价等）占比增加；通过机器学习模型挖掘的因子有所增加。 | 股票、挂钩股票收益的TRS、股指期货、股指期权 | 90%~100% | 日内换仓 | 10~70倍 | 绝对收益10%~30% | 不相关 | 不相关 | 高 | 中/低 | 量化策略 | 股票策略 | 对冲策略 | 基本面策略、技术面策略 | 中频策略、低频策略 | 绝对收益策略 | 多因子策略、机器学习策略 |
| 股票配对策略 | 属于统计套利策略。寻找历史走势相似的股票进行配对，当较大偏离时，做空高估股票并买入低估股票，进行套利。 | 配对交易亦引入了多因子信号与机器学习模型。 | 股票、挂钩股票收益的TRS | 90%~100% | 日内换仓、日/周/月度换仓 | 10~30倍 | 绝对收益10%~30% | 不相关 | 不相关 | 高 | 不相关 | 量化策略 | 股票策略 | 对冲策略 | 基本面策略、技术面策略 | 高频策略、中频策略 | 绝对收益策略 | 均值回归策略、多因子策略、配对策略 |

第 3 章 量化基金策略的选择与运用 87

续表

| 策略名称 | 策略原理 | | 交易特点 | | | | | 风险敞口 | | | | 策略分类 | | | | | | |
|---|---|---|---|---|---|---|---|---|---|---|---|---|---|---|---|---|---|---|
| | 基本原理 | 补充说明 | 投资范围 | 持仓比例 | 交易频次 | 换手率 | 年化收益水平 | Delta（价格敏感度） | Vega/Skew（波动敏感度） | VaR（风格敏感度） | DV01（期限敏感度） | 按策略属性 | 按投资资产 | 按收益属性 | 按技术路线 | 按交易速度 | 按收益特征 | 按策略信号 | 策略举例 |
| T0策略（自动） | T0策略亦称股票日内交易策略，是基于对未来短期股价走势的判断做多或者做空股票，并且在很短的时间内平仓，一般而言，操作周期常为3~5分钟。有效的T0策略通过累积大量笔胜率较高的单笔微利来获利。 | 技术面因子（动量、舆情、微观结构）占比增加；通过机器学习模型挖掘的因子有所增加。 | 股票，挂钩股票收益的TRS | 0~100% | 日内换仓 | 50~200倍 | 绝对收益10%~70% | 中/低 | 不相关 | 中/低 | 不相关 | 量化策略 | 股票策略 | 单多空策略 | 技术面策略 | 高频策略 | 类固定收益策略 | 动量策略、反转策略、机器学习策略 | |

续表

| 策略原理 | | 交易特点 | | | | 风险敞口 | | | | 策略分类 | | | | | | |
|---|---|---|---|---|---|---|---|---|---|---|---|---|---|---|---|---|
| 策略名称 | 基本原理 | 补充说明 | 投资范围 | 持仓比例 | 交易频次 | 换手率 | 年化收益水平 | Delta（价格敏感度） | Vega/Skew（波动敏感度） | VaR（风格敏感度） | DV01（期限敏感度） | 按策略属性 | 按投资资产 | 按收益属性 | 按技术路线 | 按交易速度 | 按收益特征 | 按策略信号 | 策略举例 |
| T0策略手工 | T0策略亦称股票日内交易策略，是基于对未来短期股价走势的判断做多或者做空股票，并且在很短的时间内平仓，一般而言，操作周期通常为3~5分钟。有效的T0策略通过累积大量的高胜率的单笔微利来获利。 | 根据交易员的主观决策进行交易，一般有多个交易员。 | 股票、挂钩股票收益的TRS | 0~100% | 日内换仓 | 50~200倍 | 绝对收益10%~70% | 中/低 | 不相关 | 中/低 | 不相关 | 主观策略 | 股票策略 | 单边多空策略 | 技术面策略 | 高频策略 | 类固定收益策略 | 动量策略、反转策略 | |

第3章 量化基金策略的选择与运用

续表

| 策略名称 | 策略原理 | | 交易特点 | | | | 风险敞口 | | | | 策略分类 | | | | | | |
|---|---|---|---|---|---|---|---|---|---|---|---|---|---|---|---|---|---|
| | 基本原理 | 补充说明 | 投资范围 | 持仓比例 | 交易频次 | 换手率 | 年化收益水平 | Delta（价格敏感度） | Vega/Skew（波动敏感度） | VaR（风格敏感度） | DV01（期限敏感度） | 按策略属性 | 按投资资产 | 按收益属性 | 按技术路线 | 按交易速度 | 按收益特征 | 按策略信号 | 策略举例 |
| 主观CTA策略 | 主观CTA策略是指投资于期货市场的专业管理人投资策略，由市场或者下期货上升或者下降的趋势获利。 | 纯主观交易的CTA策略在市场上较少。 | 商品期货 | 0~100% | 日内换仓 | 无合理区间 | 无合理区间 | 极高（杠杆） | 不相关 | 不相关 | 中/低 | 主观策略 | 期货策略 | 单边多空策略 | 基本面策略 技术面策略 | 中频策略 低频策略 | 绝对收益策略 | 动量策略 反转策略 |
| | | | 股指期货 | | 日/月/周度换仓 | | | | | | | | | | | | | |
| 量化CTA策略（趋势跟踪） | 通过追随已形成的价格趋势，在价格上涨时持有多仓，下跌时持有空仓，当趋势结束时平仓，是CTA策略主流策略，具有明显的平台期。 | 量化基本面因子友业内普遍因子、技术面因子在业内普遍使用。 | 商品期货 | 0~100% | 日内换仓 | 无合理区间 | 无合理区间 | 极高（杠杆） | 不相关 | 不相关 | 中/低 | 量化策略 | 期货策略 | 单边多空策略 | 基本面策略 技术面策略 | 高频策略 中频策略 低频策略 | 绝对收益策略 | 动量策略 反转策略 均值回归策略 多因子策略 |
| | | | 股指期货 | | 日/月/周度换仓 | | | | | | | | | | | | | |

续表

| 策略原理 | | 交易特点 | | | | | | 风险敞口 | | | | 策略分类 | | | | | 策略举例 |
|---|---|---|---|---|---|---|---|---|---|---|---|---|---|---|---|---|---|
| 策略名称 | 基本原理 | 补充说明 | 投资范围 | 持仓比例 | 交易频次 | 换手率 | 年化收益水平 | Delta（价格敏感度） | Vega/Skew（波动敏感度） | VaR（风格敏感度） | DV01（期限敏感度） | 按策略属性 | 按投资资产 | 按收益属性 | 按技术路线 | 按交易速度 | 按收益特征 | 按策略信号 |
| 量化CTA策略（趋势反转） | 通过判断价格的拐点从价格回归过程中获利，在信号显示价格将向上时持有多仓，在信号显示价格将反转向下时持有空仓，实现价格回归时进行平仓。 | 量化基本面因子及量化技术面因子在业内普遍使用。 | 商品期货 | 0～100% | 日内换仓 | 无合理区间 | 无合理区间 | 极高（杠杆） | 不相关 | 不相关 | 中/低 | 量化策略 | 期货策略 | 单多空策略 | 基本面策略、技术面策略 | 高频策略、中频策略、低频策略 | 绝对收益策略 | 动量策略、反转策略、均值回归策略、多因子策略 |
| | | | 股指期货 | | 日/周/月/季换仓 | | | | | | | | | | | | | |

第3章 量化基金策略的选择与运用 91

续表

<table>
<tr><th colspan="2">策略名称</th><th colspan="2">策略原理</th><th colspan="5">交易特点</th><th colspan="3">风险敞口</th><th colspan="7">策略分类</th></tr>
<tr><th></th><th></th><th>基本原理</th><th>补充说明</th><th>投资范围</th><th>持仓比例</th><th>交易频次</th><th>换手率</th><th>年化收益水平</th><th>Delta（价格敏感度）</th><th>Vega/Skew（波动敏感度）</th><th>VaR（风格敏感度）</th><th>DV01（期限敏感度）</th><th>按策略属性</th><th>按投资资产</th><th>按收益属性</th><th>按技术路线</th><th>按交易速度</th><th>按收益特征</th><th>按策略信号</th><th>策略举例</th></tr>
<tr><td rowspan="2">量化CTA策略</td><td>（套利）</td><td>通过对相关品种/合约进行交易，多数为做多低估价合约，做空高估价合约，从两者价格回归中获利，包括期现套利、跨期套利、跨品种套利、跨市场套利等。策略相对比较稳健。</td><td>量化基本面因子及量化技术面因子在业内普遍使用。</td><td>商品期货</td><td>0~100%</td><td>日内换仓</td><td colspan="2"></td><td></td><td></td><td></td><td></td><td rowspan="2">量化策略</td><td rowspan="2">期货策略</td><td rowspan="2">套利策略</td><td rowspan="2">基本面策略 技术面策略</td><td rowspan="2">高频策略 中频策略 低频策略</td><td rowspan="2">绝对收益策略</td><td rowspan="2">动量策略、反转策略、均值回归策略、多因子策略</td><td rowspan="2"></td></tr>
<tr><td></td><td></td><td></td><td>股指期货</td><td></td><td>日/周/月度换仓</td><td>无合理区间</td><td>无合理区间</td><td>中/低</td><td>不相关</td><td>中/低</td><td>中/低</td></tr>
</table>

续表

| 策略名称 | 策略原理 | | 交易特点 | | | | 风险敞口 | | | | 策略分类 | | | | | | 策略举例 |
|---|---|---|---|---|---|---|---|---|---|---|---|---|---|---|---|---|---|
| | 基本原理 | 补充说明 | 投资范围 | 持仓比例 | 交易频次 | 换手率 | 年化收益水平 | Delta(价格敏感度) | Vega/Skew(波动敏感度) | VaR(风格敏感度) | DV01(期限敏感度) | 按策略属性 | 按投资资产 | 按收益属性 | 按技术路线 | 按交易速度 | 按收益特征 | 按策略信号 |
| 统计套利策略(高频) | 通过分析标的资产的价格规律和资产之间的价格差异来套利。基利策略有效性为市原理,盈短时的定价错误,或市场情绪的非理性。 | | 股票、股票基金、ETF、商品/股指期货及期权、场外衍生工具 | 10%~100% | 日内换仓 | 10~200倍 | 绝对收益7%~15% | 不相关 | 不相关 | 不相关 | 中/低 | 量化策略 | 股票策略、期货策略 | 套利策略 | 基本面策略、技术面策略 | 高频策略 | 类固定收益策略 | 均值回归策略、多因子策略 |
| 统计套利策略(中低频) | 通过分析标的资产的价格规律和资产之间的价格差异来套利。基利策略有效性为市原理,盈短时的定价错误,或市场情绪的非理性。 | | 股票、股票基金、ETF、商品/股指期货及期权、场外衍生工具 | 10%~100% | 日/周/月度换仓 | 无合理区间 | 绝对收益10%~30% | 不相关 | 不相关 | 中/低 | 中/低 | 量化策略 | 股票策略、期货策略 | 套利策略 | 基本面策略、技术面策略 | 中频策略、低频策略 | 类固定收益策略 | 均值回归策略、多因子策略 |

# 第3章 量化基金策略的选择与运用 93

续表

| 策略原理 | | 交易特点 | | | | 风险敞口 | | | | 策略分类 | | | | | | | |
|---|---|---|---|---|---|---|---|---|---|---|---|---|---|---|---|---|---|
| 策略名称 | 基本原理 | 补充说明 | 投资范围 | 持仓比例 | 交易频次 | 换手率 | 年化收益水平 | Delta（价格敏感度） | Vega/Skew（波动敏感度） | VaR（风格敏感度） | DV01（期限敏感度） | 按策略属性 | 按投资资产 | 按收益属性 | 按技术路线 | 按交易速度 | 按收益特征 | 按策略信号 | 策略举例 |
| 期权做市策略/波动率套利策略 | 交易场内期权，使用经改进的BS模型计算隐含波动率，构建波动率曲面，基于曲面得到估值中枢，根据估值中枢做市，赚取价差收益，同时根据曲面的不合理结构进行套利。 | | 股指期权 商品期权 股指期货 商品期货 | 90%～100% | 日内换仓 | 50～600倍 | 绝对收益10%～30% | 不相关 | 中/低 | 不相关 | 中/低 | 量化策略 | 期权策略 | 套利策略 | 技术面策略 | 高频策略 | 类固定收益策略 | 均值回归策略、多因子策略 | |

续表

| 策略名称 | 策略原理 | | 交易特点 | | | | 风险敞口 | | | | 策略分类 | | | | | | |
|---|---|---|---|---|---|---|---|---|---|---|---|---|---|---|---|---|---|
| | 基本原理 | 补充说明 | 投资范围 | 持仓比例 | 交易频次 | 换手率 | 年化收益水平 | Delta（价格敏感度） | Vega/Skew（波动敏感度） | VaR（风格敏感度） | DV01（期限敏感度） | 按策略属性 | 按投资属性 | 按收益属性 | 按技术路线 | 按交易速度 | 按收益特征 | 按策略信号 |
| 波动率交易策略 | 基于对市场特征（流动性、波动分化、趋势性等）的理解及判断，在判断期权希腊值（Greeks）的后续变化特征，并基于以上参数构建期权投资组合，在判断兑现时获得投资回报。 | 该策略可被认为是一种经过择时信号优化及套利策略增强的收益夹权策略，一般的夹权策略，具备对系统风险更为敏锐的风控能力，并叠加套利策略收益及择时收益，具备更高的夏普比率。 | 股指期权 | 0～100% | 日内换仓 | 无合理区间 | 绝对收益10%～30% | 中/低 | 高 | 不相关 | 中/低 | 量化策略 | 期权策略 | 套利策略 | 基本面策略 技术面策略 | 高频策略 中频策略 | 绝对收益策略 | 动量策略、反转策略、均值回归策略、多因子策略 |
| | | | 商品期权 | | 日/周/月度换仓 | | | | | | | | | | | | | |
| | | | 股指期货 | | | | | | | | | | | | | | | |
| | | | 商品期货 | | | | | | | | | | | | | | | |

## 3.2 国内市场的主流策略

### 3.2.1 量化选股策略

量化选股策略是目前国内规模占比最大的量化交易策略。量化选股策略的目标是获取阿尔法和 Smart Beta 收益。其主要逻辑是无清晰参考基准指数，可根据需要对标主流股票指数，通过量化模型对全市场进行择股择时，因此需要承担市场本身以及量化因子波动带来的风险。量化选股策略可以根据策略需要对特定指数的风格暴露进行约束或放开，取而代之会阶段性地根据市场风格的变化灵活地暴露风格，以收益高低为导向，更广泛地变换投资目标，灵活地调整一篮子股票的组成。

1. 定义

根据历史价格数据、财务等基本面数据、新闻数据等选择股票，构建一个投资组合。其目标一般是希望能跑赢一个基准指数。也有一些策略没有基准指数，目的是获得最大收益。

2. 原理

量化选股本质上交易的是统计规律，而统计学中最主要的规律就是均值回归。

例如，从基本面因子的角度去观察，如果两家公司的行业、产品、销量、利润、发展前景等因素完全一致，但在市场上的定价有细微差别，那么就可能存在交易机会。这样非常相似的两家公司，一家公司的市盈率（PE）略高，另一家公司的 PE 略低，那么从统计角度来说这就是一个定价错误，我们要采取的投资策略一般就是买入低 PE 的公司。如果市场上有很多资金都遵循这样的策略，那么这样的定价偏差就会保持在一个非常小的幅度内。

量化交易的另一个出发点是从市场价格和成交量中去寻找统计规律进行交易，这类因素一般被称为量价因子。例如，目前在 A 股市场中反转效应是长期有效的，这导致一只股票涨幅过大或上涨过快，策略一般就倾向于卖出这只股票；而如果一只股票大幅下跌或下跌过快，策略一般就会倾向于买入这只股票。这类量价因子有效也是非常合理的，因为一只股票不可能一直上涨，也不可能一直下跌，它的价格应该会围绕其价值上下波动。如果从其他的定价维度观察这只股票的价值，大概率没有大幅度的变动，那么短期由于情绪导致的价格波动大概率是会回归的。

无论是从基本面还是从量价角度去选股，本质上都是在寻找市场短时的定价错误。如果模型正确识别了这样的定价错误，就会得到市场奖励。

在市场上寻找这样的定价错误其实并不容易。一方面，市场中有很多竞争者，一些显而易见的定价错误很快就会被发现，因而很难在市场中长期存在。另一方面，市场中资产的价格受多重因素的影响，没有一种模型可以对所有因素进行描述。因此，现在市场中这类量化策略会使用很多来自各种维度的因子，通过复杂的方法进行组合来寻找微弱的概率优势,并通过一个覆盖上百只乃至几百只股票的组合来优化决策效果,以便通过大数定律来积累这些微弱的优势,从而获得令人满意的回报。

3. 特点

这类策略一般都是满仓运行的。因为从原理上讲,量化策略无法预测市场的涨跌,所以满仓运行是这些策略的理性选择。这其实起到了市场稳定器的作用,它不会因为投资经理对市场的悲观判断而卖出股票,只会在不同的股票中做出选择,不断修正市场中相对的定价关系。

4. 表现形式

量化选股策略的核心是使用统计模型对股票的相对价值进行定价。根据投资目标以及风险承受能力的不同,同样的模型可以构建出具有不同收益特性的投资组合。根据是否承担市场风险,量化选股策略可以分为两种(见表3-3)。

表3-3 量化选股策略的分类

| 分类方法 | 策略类型 | 特征描述 |
| --- | --- | --- |
| 是否承担市场风险 | 指数增强策略 | 指数增强策略持有一篮子股票,永远满仓运行不择时。<br>一般有一个指数基准,投资目标是在给定的投资期限内获得比对标指数更高的投资收益。如果指数上涨,策略需要比指数上涨更多,如果指数下跌,则策略需要比指数的同期跌幅更小。<br>因为组合跟随市场指数波动,所以一般波动会比较大,但是由于从长期来看股票指数本身也是正收益的,所以对于长期投资来说可以获得更高的收益。 |

续表

| 分类方法 | 策略类型 | 特征描述 |
| --- | --- | --- |
| 是否承担市场风险 | 市场中性策略 | 持有一篮子股票，永远满仓运行不择时。<br>有一个基准指数，用部分资金做空对应的基准指数，以对冲掉股票市场自身的波动，只获得超额收益。<br>由于对冲了市场波动，所以投资组合的波动小，比较适宜风险承受能力较差的资金投资。<br>缺点是由于需要对冲，本身消耗了一部分资金，另外对冲需要支付成本，组合整体的长期收益会有所下降。 |

市场中性策略固有的缺点使得对于市场总体而言其所能容纳的资金量较小，所以量化选股策略市场中存量规模最大的是指数增强策略。

5. 发展前景

参考国外的经验，随着量化选股策略的规模逐渐增长，这类策略的超额收益水平一般也会逐步下降。超额收益水平的下降其实也表明了市场定价的有效性在逐步提升。而随着超额收益水平的降低，其下降的速度也会逐渐减慢。

6. 投资资产

对于指数增强策略，一般只投资于股票。对于市场中性策略，在投资股票的同时还投资于期货等衍生品，用于对冲市场风险。

## 3.2.2 指数增强策略（选股）

从成熟市场（例如美国）过去50年的历史来看，投资指数是一个不错的选择。指数增强策略是股票多头策略的一种。

## 1. 定义

指数增强策略是指基金经理在构建投资组合时，运用"指数跟踪"与"主动管理"相结合的方式获取超额收益的投资策略。相对于单纯的指数，指数增强策略的关键是管理人的主动管理能力。简单而言，就是在让产品走势与指数保持一致的同时，依托管理人的管理能力，使组合的涨幅尽可能地大于指数、跌幅小于指数。

## 2. 优劣势

从策略的运用层面来看，牛市时，指数多上行，组合通过对指数的跟踪能够保持与指数的走势相一致，并在基金经理的管理下跑赢指数，创造超额收益。熊市时，指数多下行，组合因为紧跟指数，表现也会受影响，但依托基金经理卓越的管理能力，也能够在一定程度上超越指数，创造相对收益。

## 3. 如何选择指数增强基金

指数增强基金也是指数基金，主要投资策略是跟踪指数走势，所以选择时主要还是选择指数，比如中证500、沪深300、中证红利等业绩表现较好的指数。指数增强策略根据增强基准的不同，又可分为如表3-4所示的几类。

表3-4 指数增强基金的分类

| 分类方法 | 策略类型 | 特征描述 |
| --- | --- | --- |
| 增强基准 | 500指数增强 | 以中证500指数为对比基准进行指数增强。<br>中证500指数是一个中盘指数，覆盖的行业较为全面，对于指数增强策略来说选股的范围较大，相对更容易获得超额收益。<br>500指数增强是市场中占比较高的一类策略。 |

续表

| 分类方法 | 策略类型 | 特征描述 |
| --- | --- | --- |
| 增强基准 | 300 指数增强 | 以沪深 300 指数为对比基准进行指数增强。<br>沪深 300 包含了沪深两市市值最大的 300 只股票，在一定程度上可以认为是中国最好的 300 家公司组成的指数。<br>300 指数相较于 500 指数获得增强的效果更困难，但是由于其基准代表了更为优秀的公司，所以也受到一些投资者的青睐。 |
| | 1000 指数增强 | 以中证 1000 指数为对比基准进行指数增强。<br>1000 指数代表市值更小的公司，这些公司的波动更大，成长性一般更好，由于股票的覆盖的范围更大，对于量化策略来说相对更容易获得超额收益。 |
| | 空气指数增强 | 没有明确的对比基准，给策略更高的自由度去选股，理论上超额收益的空间也是最大的。但是由于缺少明确的基准，其风格的暴露存在一定的不确定性。 |

指数增强基金的增强策略有很多，大部分都采用量化增强，这些策略非常考验基金公司的投研实力和基金经理的能力，因此，要尽量挑选经历过时间考验的增强指数型基金。

### 3.2.3 CTA 策略

CTA 策略的管理规模一般比股票类策略小一个数量级。市场上较少使用纯主观交易的 CTA 策略，大部分 CTA 策略都是使用量化方法投资或者采用量化与主观组合的方式进行。

1. 定义

CTA 策略（commodity trading advisor strategy），称为商品交

易顾问策略,又称管理期货(managed futures)策略。CTA 策略是指投资于期货市场的策略,这是与投资于股票市场的投资策略的最大不同。它是指由专业管理人投资于期货市场,利用期货市场上升或者下降的趋势获利的一种投资策略。

CTA 策略有多种构建方式,按照交易策略和持仓周期可以做如表 3-5 所示的分类。

**表 3-5  CTA 策略分类**

| 分类标准 | 子策略 | 特征描述 |
| --- | --- | --- |
| 交易策略 | 趋势跟踪 | 主要通过追随已形成的价格趋势获利,上涨时持有多仓,下跌时持有空仓,当趋势结束时平仓,是 CTA 主流策略。策略具有明显的平台期。 |
|  | 趋势反转 | 通过判断价格的拐点从价格回归过程中获利,在信号显示价格将反转向上时持有多仓,在信号显示价格将反转向下时持有空仓,当价格实现回归时进行平仓。 |
|  | 套利对冲 | 通过对相关品种/合约进行交易,多数为做多价格低估品种,做空价格高估品种,从两者价格回归中获利,包括期现套利、跨期套利、跨品种套利、跨市场套利等。策略相对比较稳健。 |
| 持仓周期 | 长周期 | 持仓周期相对较长,2 周及以上(即 10 个交易日以上),最长可达数月。其间波动较大。 |
|  | 中周期 | 约为 1~2 周(即 5~10 个交易日)。其间波动较大。 |
|  | 短周期 | 5 个交易日内。相对波动较小。 |
|  | 高频 | 快速交易的策略,持仓从几秒到 1 天不等。比较稳健。 |

如表 3-6 所示,从全球顶尖的 CTA 管理人的情况来看,CTA 并非全是量化策略,有一些是多种方法复合的策略。

表 3-6 CTA 基金管理人及其策略（2012 年）

| 排名 | CTA 名称 | 起始年份 | 平均年化收益率 | 资产规模（亿美元） | 国家 | 策略描述 |
|---|---|---|---|---|---|---|
| 1 | 元盛（Winton） | 1997 | 14.27% | 290 | 英国 | 多元化＋程序化＋趋势策略 |
| 2 | AHL | 1990 | 13.60% | 150 | 英国 | 多元化＋程序化＋趋势策略 |
| 3 | 兰冠资本（BlueCrest Capital） | 2004 | 15.00% | 147 | 英国 | 主观交易＋趋势交易 |
| 4 | Transtrend B.V. | 1995 | 15.28% | 82 | 荷兰 | 多元化＋量化交易 |
| 5 | 宽立资本（Aspect Capital） | 1998 | 10.06% | 70 | 英国 | 多元化＋量化交易 |
| 6 | Quantitative Investment | 2003 | 13.16% | 40 | 美国 | 多元化＋量化交易＋短线策略 |
| 7 | Graham Capital | 1995 | 7.97% | 35 | 美国 | 多元化＋量化交易 |
| 8 | Campbell & Company | 1983 | 11.27% | 18 | 美国 | 不详 |
| 9 | Boronia Capital | 1993 | 9.87% | 13 | 澳大利亚 | 多元化＋量化交易＋短线＋多市场 |
| 10 | Altis Partners (Jersey) Limited | 2001 | 13.27% | 12 | 英国 | 程序化＋多策略＋投资组合 |

2. 原理

CTA 策略的收益来源是多样的，因为它们交易的衍生品可能对应了各种类型的资产，甚至是不同国家的资产。其中可能包含商品价格在某个周期的趋势效应，也可能包含股票指数反映的经济增长，债券衍生品隐含的票息收益,同一品种不同期限合约的统计套利,基于产业基本面逻辑的交易,等等。

3. 特点

CTA策略与股债市场的相关性小。相关性小的主要原因首先是底层标的不同,CTA策略的主要标的是期货市场的各个品种,这种底层资产本身就与传统股债市场差异较大,产品之间的相关性也很小,有利于分散风险。极端环境下CTA基金的收益表现见表3-7。

表3-7 极端环境下CTA基金的收益表现

| 事件 | 时间 | 标普500(%) | CTA基金(%) |
|---|---|---|---|
| 互联网泡沫破灭初期 | 2000Q4 | −7.8 | 33 |
| "9·11"恐怖袭击 | 2001Q3 | −14.7 | 3.9 |
| 次贷危机 | 2008Q1 | −9.5 | 8.5 |
| 雷曼兄弟倒闭 | 2008Q4 | −22 | 12.7 |
| 全球爆发新冠疫情 | 2020Q1 | −20.67 | 4.7 |

CTA策略具有危机下阿尔法收益的"保险"作用。由于CTA策略的收益逻辑与传统股票和债券的关联性非常小,因此对由股票和债券构成的投资组合有着良好的保护作用,可以使投资机构的投资组合表现得更为稳健。例如,2020年9月30日CTA策略的表现见表3-8。

表3-8 CTA策略的表现（2020年9月30日）

| 项目 | CTA趋势精选 | 股票策略精选 | 沪深300 |
| --- | --- | --- | --- |
| 年化收益率（%） | 20.92 | 19.16 | 13.64 |
| 回撤（%） | −8.72 | −33.82 | −44.78 |
| 波动率（%） | 11.14 | 16.29 | 20.33 |
| 夏普率 | 1.63 | 1.07 | 0.61 |

4. 投资资产

CTA策略涉及的投资资产包括商品期货、股指期货、利率期货中的一种或多种。

根据私募排排网统计的近年来的收益率曲线，纵观最近几年国内股票市场遭遇的"凛冽寒冬"，如2018年全年、2019年上半年、2021年第一季度等，在私募股票多头收益率大幅波动的情况下，私募CTA策略却能获得正收益率甚至实现比日常时间段更佳的收益。这是因为CTA策略的盈利来源正是波动率的提升，其能够进行多空交易且与股票市场具有较小的相关性。当一些极端的风险事件和情绪影响股票市场使其出现大幅回调时，很可能也会刺激期货市场产生波动从而提升收益。实践中，一些以股票量化策略为主的量化基金往往同时配置了CTA策略，以期通过CTA策略的盈利对冲掉一定的风险，如成立于2014年、以量化CTA起家的百亿元级量化私募机构千象资产，即是量化CTA与量化选股的双栖行家，其管理时间最长的CTA基金产品近5年年化收益率超过10%，最大回撤率还小于10%，体现了一流的投资性价比。

## 3.2.4 套利策略

套利策略在国内市场的管理规模最小,属于非常小众的策略。

1. 定义

套利策略的范围非常宽泛,笼统来说做多一项或多项资产同时做空一项或多项资产的资产组合都可以称为套利策略。套利策略覆盖的周期也非常宽泛,持仓周期可以是几秒钟到几个月,甚至是几年。其中,量化套利策略是根据统计模型或对应资产的定价模型来驱动交易的。

2. 原理

量化套利策略从原理上主要可以分为两大类:一类是完全基于统计规律,没有强制的回归逻辑;另一类是基于衍生品的设计规则,有强制的回归逻辑。从本质上说,套利策略可维护市场中关联品种的价格关系,是使得市场有效的重要参与者。例如,如果股票指数期货不跟随现货波动,那么在期货市场对冲风险的套期保值者可能会承担很大的损失,套利策略则可以及时地维护这种关联品种的价格关系,避免这种无法套保的情况发生。

3. 风险

对于没有强制回归逻辑的套利,如果市场不按照历史统计规律运行,则有可能出现很大的亏损。而有强制回归逻辑的套利策略,理论上已经锁定套利价差,但是在最终强制回归前可能承担很大的浮亏。一般当市场出现极端行情时,由于套利策略的资金量有限,短期内可能无法满足稳定市场价格关系所需要的资金需求。

4. 特点

套利策略并非没有风险，但一般来说其波动性与市场的大类资产和其他策略的相关性较小，因此对于投资者而言是一种丰富投资组合收益来源的选择，对于市场整体而言是提高定价效率的交易策略。

5. 投资资产

涉及二级市场的几乎所有投资标的。

### 3.2.5 统计套利策略

统计套利策略是通过分析标的资产的价格规律和多项资产之间的价格差异来获利的。通常，它需要做多一组股票并做空另一组股票。统计套利策略由配对交易演变而来，配对交易在做多一只股票的同时，做空它的竞争对手作为对冲，其目的是选择一只将跑赢同板块的股票。统计套利策略是完全基于均值回归的，本质上是说任何两只股票之间的价差应该是恒定的（或随着时间的推移缓慢演变），任何与价差的偏差都提供了交易机会。与名称相反，统计套利策略是一种有风险的套利策略。

1. 相关概念

为了分析价格模式和价格差异，该策略使用了很多统计和数学模型。除了构建价差模型所必需的历史价格数据之外，统计套利策略还可以使用诸如市场超前/滞后效应的判断指标，如企业活动、短期动量、资金流动等因素来设计。采用价格之外的其他因子的统计套利方法也称为多因子统计套利模型。

统计套利策略使用的各种概念包括：时间序列分析（time series analysis）、自回归和协整分析（auto regression and co-integration）、波动率建模（volatility modeling）、主成分分析（principal components analysis）、模式发现技术（pattern finding techniques）、机器学习技术（machine learning techniques）、有效边界分析（efficient frontier analysis）。

2. 统计套利策略类型

（1）市场中性套利（market neutral arbitrage）。该策略在被显著低估的资产中选择做多标的，同时在被显著高估的资产中选择做空标的，同时，尽量挑选那些价格相关性较强且具有相似的波动率的资产。一部分市场资产的增值必定会导致另一部分市场资产的减值，这将缩小风险敞口。当市场资产价格恢复到正常价值时，做多和做空的资产的价差也会回归到正常值，使策略最终获利。

（2）跨市场套利（cross market arbitrage）。该策略试图利用同一（或非常类似的）资产（比如原油）在不同市场（比如美国CME、欧洲ICE和中国的INE）上的价格差异来获利。投资者在该资产被相对低估的市场上做多，同时在被相对高估的市场上做空。其操作方式和现货贸易本身有很多共同点。

（3）跨资产套利（cross asset arbitrage）。该策略考虑了金融资产与其基础资产之间的价格差异。例如，股票指数期货和形成指数的一篮子股票之间的价格差异。

（4）ETF套利（ETF arbitrage）。ETF套利可以视为跨资产套利的一种形式，投资者通过识别种类繁多的ETF的价值与其相关资产之间的差异来进行交易。

（5）配对交易（pair trading）。统计套利策略是由配对交易发展而来的。配对交易基于发掘具有较强相关性的两种资产出现异常的价差来交易。例如，当一只股票（比如微软）的表现优于另一只股票（比如谷歌）时，表现较差的股票可能会随着投资者搜寻低估值股票的活动而缩小与高估值股票的价差（均值回归）。这个过程是通过投资者舍弃高估值资产、搜寻低估值资产的交易习惯获利的。由于有大量的股票参与到统计套利策略中，投资组合的资金周转率非常高，而且由于配对交易投资者捕捉的可获利价差有时只出现在转瞬之间，这种策略通常是以自动化的方式实施的，且投资者高度重视通过各种技术手段来降低交易成本。

3. 统计套利策略如何运作

像股票或大宗商品这样的资产，随着经济变化或供需变化往往有明显的上涨和下跌的周期。定量的方法就是利用在不同周期内资产价差的变动来获利。正是这些价格分离的情况带来了套利机会。同时，我们需要验证当价差出现时其是否会回归。

识别这种交易机会的关键在于两个因素：第一，需要一些处理时间序列的方法来识别两种资产的价格走势是否强相关；第二，如何找到"最佳"价差，从而以比较低的风险开始建仓。

很多交易平台上有很多交易指标可以帮助我们识别价差和进行交易。但是，很多时候，交易成本在整个交易过程中是至关重要的，很多投资者在计算预期收益时可能会忽略交易成本。因此，建议算法交易者在进行套利交易回测时，将自己的统计套利成本考虑在内，从而得到一个更接近实际的收益估算。

4. 风险

虽然统计套利策略过去为投资者赚取了大量的利润，但是这一策略也可以带来一系列的交易风险。以下是经常遇到的一些风险：

（1）该策略在很大程度上取决于价差回归历史平均水平或者预测的正常水平，但是这在某些情况下可能不会发生，价格可能会继续偏离历史常态。

（2）金融市场一直在不断变化，并且全球发生的各种事件在不断演变。我们基于历史数据得到的规律在未来并不一定持续有效。

### 3.2.6 做市策略

1. 做市商与发行做市产品的机构

从策略本身来讲，两者的交易逻辑是类似的。其区别在于，做市商是持牌机构，需要承担一定的义务，也享有一些独特的权利；而发行做市产品的私募机构，其最大的优势在于没有做市义务，可以自由地选择有利的时机和价格进行报单，其相应的劣势在于与其他投资人是同样的交易条件，比如在持仓限额、交易限额以及报撤单等方面受到的限制就比较大。这就要求发行做市产品的私募机构对交易策略的算法进行更精细的优化。

2. 做市策略的类别

（1）被动做市策略。被动做市策略是相对机械一点的做市行为，主要是通过对市场的微观结构，特别是对订单簿的分析来预测极短时间内的市场走势，同时还会根据当前持仓风险来调节最优报价。这一类策略通常以高频交易为主，对系统架构、交易系统以及算法的要求都比较高。

（2）主动做市策略。主动做市策略的最大不同就是需要对报价的合约有比较强的定价能力。它还可以分成三小类：定价策略、报单策略和对冲策略。主动做市策略以定价策略为核心，用报单策略来保证盈利的实现，最后用对冲策略来控制风险。该策略可以低中高频相结合，而且对系统架构、交易系统、算法和定价能力的要求非常高。

3. 主动做市的具体策略

能够稳定运行的做市策略需要有专业的定价能力、完备的风险管理能力，还要有稳定的交易系统和高效的执行算法。其核心是定价。优秀做市机构的盈利模式并不局限于瞬间赚取的买卖价差，因为优秀的做市机构也有非常专业的定价能力，能够捕捉到市场的不合理报价，从而额外获得一些套利的收益。比如波动率曲面的套利、无风险套利、统计套利中都会有各种各样的机会。为此，主动做市的具体策略有如下几种。

（1）定价策略。通常来讲，资产短期价格都是以无套利理论为基础，同时结合了不同的收益率模型，以及时间驱动因素、管理人对其他定价要素的一些深刻理解来制定的。定价策略能够方便交易员报价，比如，期权同一标的有很多不同的相关合约，比较好的期权定价策略能够方便交易员对报价进行系统性的管理，从而非常快速地给出相对合理的期权价格，并且当市场上出现异常报单时能够让交易员迅速捕捉到这些交易机会。因此，其在涵盖双边报价的同时，也涵盖了期权的套利策略。

（2）报单策略。报价的价差会根据合约的风险以及流动性等因素进行设置，同时也会根据市场的微观结构、价格的合理性、已有持仓等因素进行适当的调整，以此来增加获利的机会或及时平仓锁定盈利。

（3）对冲策略。实时监控每一个风险敞口，尽量保持风险敞口中性，避免方向性地持仓，这样才能保证收益的稳定性和风险的可控性。

4. 风险管理能力

完备的风险管理能力是期权做市策略运行的保障，不管是主动做市策略，还是被动做市策略，大多数时候做市策略单笔交易的获利都非常少，稳定的盈利主要来自大量交易，所以对交易的精度和风控的要求就非常高。

大部分做市策略不断会有一些新的成交，所以持仓实际上时刻都在发生变化。例如，期权做市机构需监控几个比较常规的指标，如 delta、gamma、vega、theta。也有一些机构会监控一些更高阶的指标。这些指标的动态变化也是非常重要的，因为期权不是一种线性工具，当标的或者波动率发生变化时，这些指标有可能发生非常巨大的变化，静态的风险指标数值和动态数值的差异可能很大。因此，在做全面风险分析时，也需要额外做一些敏感度的分析。

总的来说，一个完备的风控体系大概包括表3-9提到的事前、事中、事后几个方面，每一方面都很重要。

表3-9 量化风控体系

| 事前风控 | 事中风控 | 事后风控 |
| --- | --- | --- |
| 资金监控管理 | 网络环境监控 | 每日报表分析 |
| 风险指标制定 | 验资验券 | 资金持仓核对 |
| 仓位限额制定 | 下单限制 | 风险敞口计算 |
| 灾备应急机制 | 风险敞口预警 | 持仓动态情景分析 |
| 压力测试 | 保证金比例监控 | 系统日常运营监控 |

5. 交易系统与执行算法

通常来讲，满足做市策略运行需要的技术门槛都比较高，低延时几乎是所有做市策略的必要条件，这一点就必然要求对链路上的每一个环节做非常精细化的处理。比如，怎么搭建快速交易架构，怎么做到系统内部的低延迟，怎么快速定价，怎么快速处理报单逻辑，等等。

6. 做市策略的特点

（1）盈利主要来源于期权双向的买卖报价价差。

（2）做市机构通常需要实时监控各类线性和非线性风险，以保持各个风险头寸的中性。

（3）低风险，中收益。当股市上涨时，黄金和国债这类资产的表现一般。做市策略在这段时间会呈现比较低的风险水平（甚至低于国债类资产），虽然总体收益不及沪深 300 指数，但单位风险的收益率还是比较高的。

当股市下跌时，做市策略的基金收益就会比较显著。比如在 2018 年，股指、黄金表现比较差，国债这种避险类资产表现得比较突出，做市策略按统计结果在这段时间比国债的风险水平更低，而且收益远远超过国债。

（4）比较适合日内波动比较大、交易量比较大、交易活跃的市场或者产品。做市产品的收益与市场波动率的相关性非常强，但是与市场涨跌方向的相关性非常弱。基金的收益率与标的市场波动幅度的绝对值基本上呈正相关，波动大，不管是上涨还是下跌，做市策略的收益率都比较高，与市场波动的方向没有太强的相关性。

## 3.2.7 期权做市策略（波动率套利）

1. 期权做市商

期权市场合约数量巨大，且流动性差，因此大部分期权交易所推出了相应的做市商制度，以增强市场的流动性。

期权做市策略与其他资产如股票、债券、期货、外汇的做市策略并没有本质区别，最核心的策略都是以获取买卖价差、规避单边风险为基础的。

总体来看，做市商的作用主要有两个：一是汇聚市场风险，增强价格稳定性；二是调节市场供需平衡，增强市场流动性。

目前，做市商策略主要分为存货模型与信息模型。主流策略是通过对市场微结构（market microstructure）的分析预测极短期的市场走势，再根据目前做市商的持仓（存货）风险，在做市义务的限制下制定最优报价策略。

2. 盈利模式

（1）双向报价的买卖价差。它是主要的利润来源，因而做市商需要计算期权的理论价格，在大量买入和卖出交易中，逐渐积累每笔交易价格和理论价格的差价，并根据持仓头寸特征动态调整价差。

由于做市商以被动成交为主，因而在一些对手方持续大量单边交易的情况下，做市商可能面临损失。

（2）套利交易。期权套利者利用不同合约定价的差异做多低估合约，卖空高估合约，从而获得盈利。

（3）交易所返佣。这对于充分竞争的美国市场上的做市商而言甚至是一个重要的收入来源，因为其期权价差已经小到难以带来理想收益。纽约证券交易所向"市场流动性提供者"返还佣金，以鼓励频繁交易，从而保证市场的流动性。

3. 做市过程

在向市场报价之前，做市商需要确定自己的"底牌"，即期权合约的理论价格；根据市场风险、当前存货和目标库存、安全边际等因素设置一定的价差，或者采用波动率计算得到买卖报价；

根据头寸情况和市场情况及时调整报价策略，并进行对冲和风险管理。

因此，对做市商来说，期权交易的核心是对波动率的计算和交易。

4. 理论价格的确定

在期权做市系统中，对期权合约理论价格的调整主要是通过对期权隐含波动率的调整来完成的。对于市场流动性好、交易活跃的期权，合理的隐含波动率可以通过当前市场行情及最新市场成交价来确定。对于流动性较差、交易不活跃的期权，则可以考虑利用历史波动率加减一定的波动率折溢价来确定合理的隐含波动率。对于同一标的的期权，可以利用波动率曲面模型来刻画不同行权价期权之间的价格相关性，以此调整期权的合理隐含波动率。

根据得到的各个合约的隐含波动率，做市商可以拟合波动率曲面。在拟合过程中需要注意以下几点：单一期权买卖价差过大，或者认购和认沽期权隐含波动率差别过大，或者隐含波动率明显偏离其他合约太多，在拟合时可以剔除在外；用模型拟合得到的波动曲线，应被市场多数的买卖价格覆盖；曲线应该平滑，能够同时保证没有水平和垂直套利的机会。SVI模型、SABR模型等都有助于拟合波动率曲面。

得到合理的隐含波动率后，通过期权定价模型即可得到期权理论价格。目前，业界主流的期权定价模型包括Black-Scholes模型

（即 BS 模型）、二叉树模型、Monte-Carlo 模拟定价模型等。对于欧式期权，基本的 BS 模型和二叉树模型都可以满足期权定价的要求。其中，BS 模型由于有解析解，且计算较为快捷，在实务中获得较为广泛的应用。在 BS 模型中，股票价格、行权价格、期权到期时间是可以直接观测的变量。利率和股息处于模糊区间，需要综合考虑交易员的判断，不过其对于近月合约的影响相对较小。

期权的理论价格是做市商的报价中枢。做市商在引导市场价格向理论价格靠近的同时，利用 delta 中性对冲期望实现盈利。当然，做市商也可以通过买入波动率低估的期权产品、卖出波动率高估的期权产品，达到引导市场合理定价以及保证自身盈利的目的。

5. 报价策略

在确定理论价格后，通过设定报价价差，做市商可以得到向市场报出的买卖价格。关于报价价差，学界主要基于期权做市成本来解释。期权做市成本主要包括三个方面：订单处理成本、存货模型、和信息模型。

（1）订单处理成本。订单处理成本就是在报单、清算、交割等环节所发生的费用，其中包括交易席位费、场地租金、硬件成本、劳动成本、机会成本、手续费等。期权价格越高，订单处理成本的占比越小，价差比例越小。因此，订单处理成本对于价差的影响相对简单，学界并未对此进行过专门研究。

（2）存货模型。存货模型是德姆塞茨（Demsetz）于 1968 年在

《交易成本》中提出的,这是做市商最早的理论模型。德姆塞茨认为买卖价差实际上是有组织的市场为交易的即时性(intermediacy)提供的补偿。在国外实际做市中,做市商也会根据做市品种的存货多少来确定最优的报价形式。但经过实证检验,存货模型对于市场价差的解释能力有限。存货模型的相关内容见表 3-10。

表 3-10 存货模型

| 模型 | 基本分析工具 | 交易者行为 | 做市商行为 | 模型交易结构 | 主要缺陷 |
| --- | --- | --- | --- | --- | --- |
| 存货模型(做市商定价策略分析) | 最优化模型(做市商决策问题) | 分为买入者和卖出者两类,他们都按特定的随机过程提交交易指令 | 为平衡因持有存货等产生的交易成本而设定买卖报价价差:指令流性质→存货头寸大小→买卖报价价差 | 批量交易模型 | 模型的解释能力有限 |

(3)信息模型。信息模型于 1971 年由白芝浩(Bagehot)提出。他认为,信息成本,即信息不对称产生的成本,是非知情交易者对知情交易者付出的成本,是价差形成的主要原因。目前,各大做市机构的主流策略也是通过对市场微结构,特别是对订单簿、波动性的研究来预测市场的短期走向的。白芝浩(1971)首次提出了信息模型中的两个重要概念:知情交易者和非知情交易者。做市商在与知情交易者交易时总是遭受损失,因而必须设定合理的价差,用与非知情交易者交易的收益来弥补损失。信息模型的相关内容见表 3-11。

表 3-11 信息模型

| 模型 | 基本分析工具 | 交易者行为 | 做市商行为 | 模型交易结构 | 主要缺陷 |
|---|---|---|---|---|---|
| 信息模型（做市商定价策略分析） | 贝叶斯学习过程 | 包括知情交易者和非知情交易者两类。知情交易者根据私人信息，按一定的交易策略进行交易；非知情交易者出于流动性需要进行交易 | 依据贝叶斯学习过程，根据观察到的指令流性质不断调整买卖报价。根据风险中性和相互竞争的假设，做市商将其买卖报价设定为关于资产价值的条件期望值 | 序贯交易模型 | 不能分析交易者的交易策略 |

传统信息理论认为，知情交易者往往通过市价单来交易，因此由限价单构成的订单簿并不具有额外信息。随着交易信息的公开化以及各大交易机构都在推动电子交易，越来越多的投资者开始使用限价单。同时，包括ETF在内的大型被动投资管理者也通过订单簿来预估冲击成本。因此，市场上普遍认为订单簿的微结构能预测短期价格走势。

2004年，曹（Cao）发现在澳大利亚证券市场上，订单簿的成交量加权平均价格（VWAP）与短期价格有较强的相关性。2005年，哈里斯（Harris）与潘沙帕吉桑（Panchapagesan）在纽约交易所也发现类似的证据。赫尔斯特伦（Hellstrom）在斯德哥尔摩证券交易所通过一阶自回归方程发现订单簿，特别是第一档行情，可以较为准确地预测短期市场走势。

而在实操中，报价价差的影响因素主要包括：

（1）期权交易量。期权品种交易量越大，流动性相对越好，越有利于做市商以较好的价格较快地交易期权，降低库存风险，从而减少做市商所需的价差补偿。

（2）标的资产价差和波动性。建立头寸后需要通过标的资产进行对冲，期权价差需要大于标的资产价差。同样，标的资产波动率越高，对冲成本越高，做市商需要越大的价差。

（3）期权品种价格。价格越高的期权合约，其绝对价差会大于价格低的期权，但比例价差（报价价差相对于期权价格）越小。

（4）市场竞争压力。做市商数量越多，竞争性越强，报价价差越小。

（5）库存状况。存货头寸增加，做市商报价倾向于单边卖出，即降低买入和卖出价格，或者进行 Delta 对冲交易，避免做市商承担方向性的价格风险。

## 3.2.8 子策略

前述每种策略往往还包含多种子策略，以从不同层面贡献超额收益，下面列出了几种较为常见的子策略。

1. 多因子模型

多因子模型是应用最广泛的一种量化选股模型，其基本原理是采用一系列因子作为选股标准，满足因子的股票就被买入，不满足相应因子的股票则被卖出。如果说策略是量化的核心，那么因子就是量化选股的核心。投资组合的风险/收益被拆解为一系列因子，包括基本面因子、技术面因子、事件驱动因子，如估值、盈利、流动性、市场情绪等。模型通过对历史数据的收集、处理与分析，筛选或挖掘出影响股票价格波动的因子，并量化成各种数据指标，精准配置因子权重，优化得出一篮子股票组合。因子的背后能反映出金融市场的一些特征和规律，比如价值因子意味着目前估值低的股票更容易上涨，成长因子意味着维持高增长的公司的股票更容易上涨，反转因子意味着上涨太多的标的可能要下跌，情绪因子表示如果参与者普遍持有乐观的态度，则标的一般会上涨等。

因子是量化投资多因子模型的灵魂，也是量化基金业绩的关键所在。各量化基金管理人想要构建的独特优势即取决于其所擅长的领域、对因子的理解，以及在此基础上如何选择因子、如何给因子分配权重。

2. 网下打新

所谓网下打新，即新股网下申购，具体指不通过证券交易所的网上交易系统进行的申购。网下打新凭借着"获配率高、获配股数高、年化收益率高"的三高优势，在实践中往往被量化投资者作为组合策略的一部分以获得稳定的收益增加。目前在A股市场中，当量化基金满足网下打新的市值门槛及其他监管要求时，可以参与主板、创业板、科创板的线下打新，从而赚取一部分稳定收益。

3. 日内回转

日内回转也称日内T0策略，是指同一只股票在同一个交易日内完成多次买卖行为，在维持股票底仓不变的情况下，通过高抛低吸获取额外收益。换言之，当日开仓当日平仓，赚取当天的价格波动收益，通常与高频交易策略相结合。

4. 事件驱动

对于市场中不确定的事件性机会，通过数学方法预测事件发生的时点和市场可能的反应，提前布局获取收益。常见事件如上市公司发布季报、年报，国家颁布重大政策等。

5. 择时策略

择时就是判断市场的整体方向。当择时信号发出时，通过调节仓位抓住市场上涨的部分、规避市场下跌的部分获得收益增加，也是一种高抛低吸的策略。比如，大量资金的交易流向、投资者的情绪、指数的相对强弱等都会影响市场走势。

结合上面对主要量化投资策略的简述可以看出，量化策略在底层逻辑和基本原理上与传统模式下投资经理做出的主观投资并没有太大的区别，其在投资方法的设计层面亦离不开三个方面：通过判断趋势型投资方法获利，通过判断市场波动率型投资方法获利，以及在确定投资方法后通过交易的执行（如借助狭义算法交易来决定如何下单）来进行风险控制、降低冲击成本。量化策略本身并没有创造出新的投资逻辑，也没有改变市场的运行和结构，但它用新的科学技术，结合数理金融理论对投资的实施方法与工具进行了创新。量化赋予投资理念新的表达形式，但大多数原理都可以从经典投资著作或投资理论中找到原始的答案。

# 第4章/Chapter Four
# 量化基金的运营管理及风险控制

## 4.1 风险管理框架

在调研中国境内典型量化基金管理人风险管理现状的基础上,结合监管要求及境外最佳实践,我们提炼了量化基金风险管理的框架(见图4-1),该框架主要包括四个层面:顶层设计、管理流程及核心风险、管理工具以及支持体系。

在顶层设计方面,一是明确各部门之间的职责分工,建立风险管理的三道防线,明确各类风险的管控分工和管理流程等,并由牵头管理部门组织各部门联合实施。二是建立统一的全面风险管理制度体系。三是为使公司面临的风险水平与风险管理能力、风险处置能力相匹配,识别并建立可以承受的风险类型及水平,在此基础上

# 第 4 章 量化基金的运营管理及风险控制

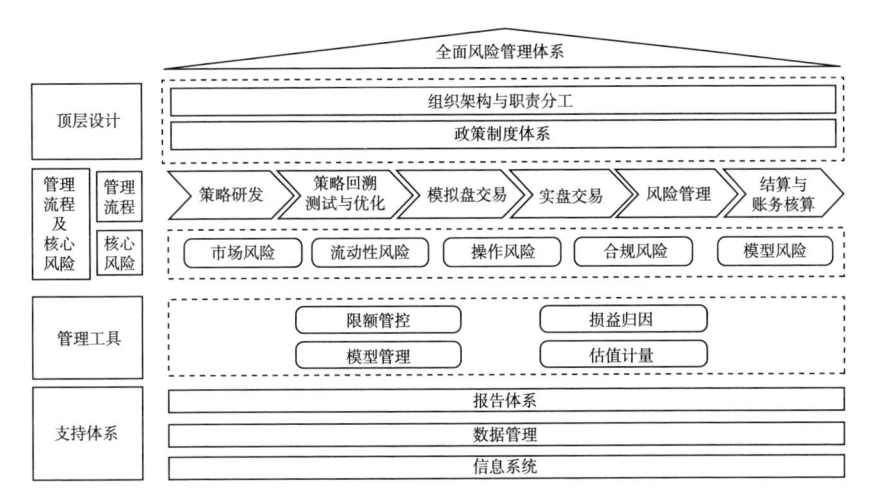

图 4-1 量化基金风险管理框架

确定公司风险偏好。四是构建风险文化，将风险管理融入公司的日常运营中，通过各项风险文化宣导及风险管理专题培训树立正确的风险文化意识。

在管理流程方面，量化基金的管理流程主要包括策略研发、策略回溯测试与优化、模拟盘交易、实盘交易、风险管理以及结算与账务核算六个阶段。

在管理工具方面，在统一的风险管理体系框架下，基于管理流程，主要的管理工具包括限额管控、损益归因、模型管理和估值计量。

在支持体系方面，借助科技系统实现量化交易的自动下单和风险管控，通过报告体系、数据管理及信息系统为风险管理体系提供支持。

### 4.1.1 组织架构与职责分工

根据基金投资业务和运营管理的特征，量化基金管理人的风险管理组织架构体系一般由治理层和管理层组成。其中，治理层包括股东（大）会、董事会、监事会、投资决策委员会和风险控制委员会，管理层包括总经理及由总经理领导的各个管理部门。管理部门分为投资业务条线、运营管理条线和风控合规条线，其中投资业务条线包括投资研发部门、交易管理部门、信息技术部门，运营管理条线包括产品运营部门和综合管理部门，风控合规条线一般指风控合规部门。典型基金管理人的组织架构如图 4-2 所示。

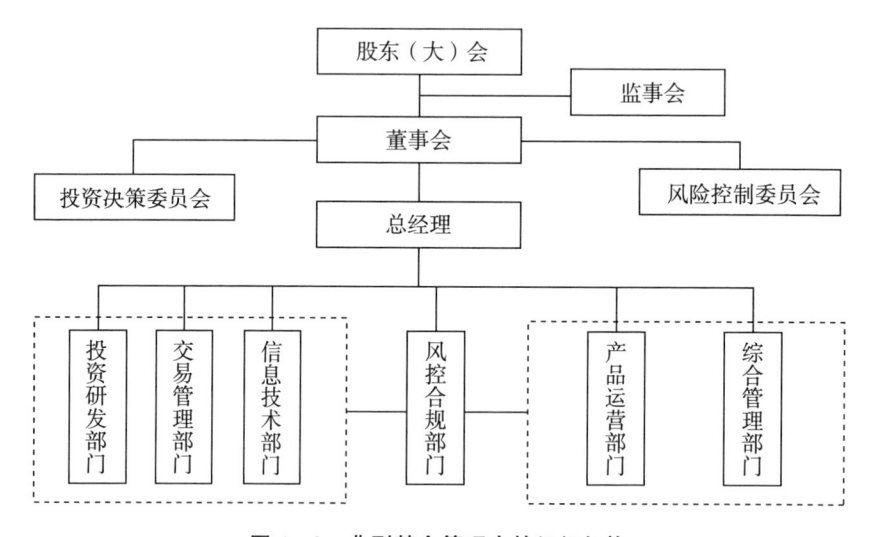

图 4-2　典型基金管理人的组织架构

股东（大）会由公司全体股东组成，是公司最高权力机构，对公司的经营管理有决定权，负责决定公司管理总体目标，选举和更换董事，审议批准董事会的报告，审议达到公司章程规定的股东（大）会审议标准的事项。

董事会对风险管理承担最终责任，负责制定公司管理总体目标，审批未来投资发展战略和风险偏好，督促高级管理层采取必要措施控制风险，定期获得风险管理报告和投资管理报告，监督和评价高级管理层在风险管理方面的履职情况以及职责范围内的其他事项。

董事会下设的投资决策委员会对投资业务承担直接责任，负责制定未来投资发展战略，审批投资管理相关政策和程序，定期审查和监督政策及程序的执行情况；监督和评价投资研发部门和交易管理部门的工作程序和效果，并提出改进意见；定期获得投资管理报告；对投资模型的上线和退出做出决策。

董事会下设的风险控制委员会对风险管理承担直接责任，负责制定风险偏好，审批风险管理和内部控制相关政策与程序，定期审查和监督政策及程序的执行情况；监督和评价风控合规部门的工作程序和效果，并提出改进意见；定期获得风险管理报告，以及时了解风险水平、管理状况及重大变化，确保投资业务合法、合规，并对基金产品开发、执行、退出过程中的风险控制承担直接责任。

监事会承担风险管理的监督责任，负责监督董事会和高级管理层在风险管理方面的履职情况并督促整改。

投资研发部门负责研究构建投资模型、回溯测试、策略优化、上线准备，并在试运行阶段和实盘交易阶段对模型进行持续监控，提出模型优化方案。

交易管理部门负责在账户层面进行投资模型的交易执行工作，保证公平交易的实施，确保基金产品的实际情况与投资模型预期的一致性。

信息技术部门负责建立和维护系统，定期检查实施情况；保障公司的网络、电脑及其他周边设备正常运行；定期对公司电子资料进行备份。

风控合规部门对公司的风险管理承担独立评估、监控、检查和报告职责。整体而言，该部门负责制定风险管理制度和业务流程，并定期检查制度和流程的执行情况，以确保国家法律法规和内部控制制度有效执行。在投资业务方面，它负责实时监测投资业务的执行情况，并报告超限情况。在运营管理方面，它负责审阅投资业务相关合同规定，以确保合同的规范性和合法性；跟踪基金产品的运行情况，及时对数据进行分析并做出风险提示，定期提交风险监控报告。

产品运营部门负责基金产品募集、合格投资者管理、资料合规检查和存档等相关工作，定期检查产品运营风险状况，监控产品后续的购买、赎回、投资人申请、托管人管理等情况。

综合管理部门涉及市场营销和财务管理等方面的工作，其中市场营销工作包括基金策划、推广、组织、实施工作，并针对客户提出的申购、赎回要求提供服务；财务管理工作包括交易验证、清算交割和记账。

### 4.1.2 政策制度体系

基于中基协和中国证监会的相关要求,以及量化基金管理人的治理架构体系和内部管理要求,政策制度体系一般分为风控合规、交易策略和运营管理三个方面。

(1)风控合规包括风险隔离制度、内部控制制度、风险管理制度及信息披露制度。一是风险隔离制度,主要包括信息隔离、关键岗位隔离、利益冲突管理、不同基金类别的差异化管理等方面的要求。例如,对于期货期权类产品而言,可针对其交易、结算及资金状况制定特殊的保密制度,防范可能出现的利益输送行为和利益冲突。二是内部控制制度,主要针对企业内部控制环境、风险评估、控制活动、信息沟通和内部监控等环节进行控制流程、执行岗位、负责人员和相应要求的梳理。对于不同类型的产品,可在一般内部控制制度的基础上进一步做出具体规定。例如,对于期货及期权投资范围内交易风险巨大的品种而言,管理人一般会制定交易下单、资金划拨、指令授权及保密等方面的详细制度,主要围绕基金运营和投资业务环节明确各部门/岗位在风险管理方面的职责分工,规定识别、评估和监控动态风险的原则及流程,并对可能存在的风险制定相应管理措施,提出解决方案。三是风险管理制度,具体包括风险评估制度、风险等级划分制度、运营风险控制制度、反洗钱制度等。四是信息披露制度,主要依照合规要求明确规定信息披露的内容、频率、形式、流程、相关人员的权责及信息披露相关文件、资料的档案管理。信息披露相关制度主要包括信息披露制度、信息披露授权制度、公司档案管理制度等。

（2）交易策略包括公平交易制度、资产选择制度、投资管理制度及交易行为规范制度。一是公平交易制度，主要明确公平交易的原则、禁止行为，以及公平交易的保障措施、监控和执行情况分析等相关规定。二是资产选择制度，主要规定选择投资品种所需遵循的原则、准入门槛，以及资产池构建、调整和维护方法，如交易池选股制度、选股准入制度等。三是投资管理制度，主要涵盖投资管理原则及执行准则、投资决策程序、投资策略制定依据、投资处置流程等方面的内容，旨在降低投资风险，提高投资收益。投资管理相关制度主要包括投资决策管理制度、对外投资管理制度。四是交易行为规范制度，主要包括公司或个人买卖资产时应遵循的管理流程及行为准则，具体内容包括买卖申报原则和程序、禁投企业名单、相关交易记录的保存等。交易行为规范相关制度包括员工投资行为准则、员工证券买卖申报管理制度、基金份额登记管理制度、交易流程规范制度。

（3）运营管理包括投资者管理、产品管理、销售管理、绩效考核及特殊事件管理相关制度。一是投资者管理相关制度，主要明确投资者分类及转化的方法和程序、投资者风险承受能力评价方法、投资者与产品风险匹配原则、合格投资者标准、投资者审核负责人员、流程等内容，具体包括合格投资者内部审核管理制度、投资者适当性管理制度等。二是产品管理相关制度，主要规范公司资产运作,包括私募基金财产分离制度、产品备案制度等。三是销售管理相关制度,包括销售推介、申购、赎回等环节的管理措施,如契约型私募投资基金销售管理办法、私募投资基金募集行为管理制度等。四是绩效考核相关制度,主要对员工能力与业绩进行考核,旨在调动其工作积极性。五是特殊事件管理相关制度,主要对日常运营管理相关制度进行补充,规定如何应对常规运营环节之外的突发状况,如应急处置制度等。

### 4.1.3 人才队伍建设

针对量化投资机构,人才队伍建设从人才组成和人才素质两个方面进行考量。

在人才组成方面,从学历来看,目前量化人才中硕士、博士占比较大,国内量化投资机构人才大多来自985、211等名校,且从专业角度来看集中在计算机、数学等理工科。从工作经验角度看,量化投资团队更加偏爱在知名金融或科技公司有工作经验的人才。在某些量化投资机构中,投资团队成员在华尔街基金对冲公司或知名互联网企业等有多年工作经验。

在人才素质方面,为应对市场变化,高频交易、多因子策略等交易方式成为量化投资机构的主流选择,这就要求相关人才具备相关技术能力和软实力。从硬实力角度看,目前大多数量化机构看重人才的统计、数据建模、算法编程能力和金融知识储备等。这是因为量化投资机构要求从业者使用如Python、R、MATLAB等编程语言研发量化投资模型,并通过金融知识分析得出投资策略,如期权套利策略、可转债套利策略等。从软实力角度看,创新能力和耐受力等软实力逐渐成为人才素质的重点。创新能力包括投资策略的更新,而耐受力包括长时间专注于策略和模型的研发。某些大型量化投资机构为确保策略的有效性,会每日优化模型参数,并且每周产出数十个新模型。

## 4.2 管理流程及风险控制

### 4.2.1 管理流程

量化基金的管理流程主要包括策略研发、策略回溯测试与优化、模拟盘交易、实盘交易、风险管理以及结算与账务核算六个阶段。

在策略研发阶段,投资研发人员选取各类因子进行数理分析,构建投资模型。

在策略回溯测试与优化阶段,投资研发人员将根据历史数据计算而来的收益和风险等指标与模型预期值进行比较。如果回溯测试效果不理想,则需要改变策略或完善策略模型;如果回溯测试效果较好,则进入模拟盘交易和实盘交易阶段。

模拟盘交易阶段是实盘交易前最后一次模型检验,一般进行一段时间的交易试运行,根据策略执行的准确性和有效性进行策略优化。

## 第4章 量化基金的运营管理及风险控制

在实盘交易阶段，每日对产品进行严格的事前、事中和事后三次程序化风险检查，以检测各风险指标是否超限。

在风险管理阶段，风控合规部门通过风控系统对交易执行情况进行实时监控，每日进行盘中和盘后损益归因分析，并定期根据管理要求进行基本计量和内部检查。

在结算与账务核算阶段，产品运营部门和综合管理部门负责交易验证、清算交割和记账。

具体流程如图4-3所示。

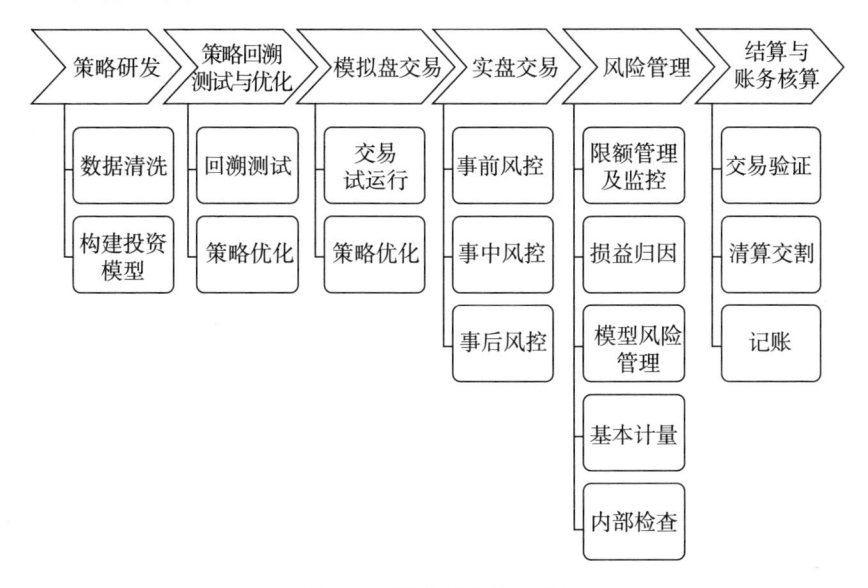

图4-3 量化基金管理流程

量化基金全生命周期在整个管理流程所涉及的执行部门、工作流程和控制点的具体情况如表4-1所示。

表 4-1 量化基金全生命周期控制矩阵

| 具体环节 | 执行部门 | 工作流程 | 控制点 |
| --- | --- | --- | --- |
| 数据清洗 | 信息技术部门 | 数据清洗：数据格式统一、数据缺失处理、数据去重；数据预处理：极端值剔除、标准化处理等。 | 通过数据清洗和预处理，确保数据的准确性、及时性和完整性。 |
| 构建投资模型 | 投资研发部门 | 利用计算机技术和金融统计工具，对历史数据进行统计分析，形成投资思路；将投资思路转化为量化模型，明确买入和卖出的资产和时机，合理设置风险指标，避免出现违规或异常交易；编写策略代码。 | 通过历史数据分析、编写策略程序并设定交易条件和合理的风险指标，确保分析的全面性和模型的有效性与合规性。 |
| 回溯测试 | 投资研发部门、信息技术部门 | 在回溯测试环境中部署策略；记录回溯测试阶段的详细交易结果；根据交易记录，检验是否符合策略预期，评估策略的盈利能力、风险控制能力和其他相关指标。 | 通过回溯测试和完整的验证流程，确保模型的盈利能力和风控能力符合预期。 |
| 策略优化 | 投资研发部门 | 根据模型表现和在回溯测试中发现的问题，对策略进行优化；比较模型优化前后的风险和收益指标结果，以评估继续优化的必要性。 | 通过策略优化，提高模型的盈利能力和风控能力。 |
| 交易试运行 | 交易管理部门、投资研发部门、信息技术部门 | 在交易试运行环境中部署策略；记录交易试运行阶段的详细交易结果；根据交易记录，再次检验是否符合策略预期，评估策略的盈利能力、风险控制能力和其他相关指标。 | 通过交易试运行发现新问题，进一步完善策略和系统，确保实盘交易的顺利进行。 |

续表

| 具体环节 | 执行部门 | 工作流程 | 控制点 |
|---|---|---|---|
| 策略优化 | 交易管理部门、投资研发部门、信息技术部门 | 根据模型表现和在交易试运行阶段发现的问题，对策略进行优化；<br>比较模型优化前后的风险和收益指标结果，以评估继续优化的必要性。 | 通过策略优化，再次确保并提高模型的盈利能力和风控能力。 |
| 事前风控 | 交易管理部门、投资研发部门、风控合规部门、信息技术部门 | T－1日夜间<br>研发人员将模型生成的交易订单提交到风险控制系统；<br>根据系统中预先设置的风控规则，风控系统对订单全部成交后的模拟持仓逐个检查，并将检查结果返回至研发人员，以确认是否需要按照风控规则修改订单；<br>在满足所有风控规则的前提下，风控系统在T日开盘前将交易订单下发至投资研发部门的投研总监和交易管理部门各个产品的交易员。 | 通过事前风控，确保实盘交易的准确性、合规性。 |
| 事中风控 | 交易管理部门、投资研发部门、风控合规部门、信息技术部门 | T日盘中<br>交易管理部门的交易员定时从券商交易系统（PB系统）中导出所有交易信息文件；<br>将导出的文件上传到独立的风控系统中；<br>根据风控规则逐个检查实际成交和持仓情况；<br>将检查结果同步更新到风控系统，供各方人员查看；<br>当某个产品违反某具体风控事项时，风控合规部门及时响应，给出相应的建议并进行相应的操作。 | 通过事中风控，确保实盘交易的准确性、合规性。 |

续表

| 具体环节 | 执行部门 | 工作流程 | 控制点 |
|---|---|---|---|
| 事后风控 | 交易管理部门、投资研发部门、风控合规部门、信息技术部门 | T日盘后<br>交易管理部门的交易员从券商交易系统（PB系统）中导出所有交易信息文件；<br>将导出的文件上传到独立的风控系统；<br>根据风控规则逐个检查实际成交和持仓情况；<br>同步更新检查结果至风控系统；<br>检查所有产品的实时信息已准确地同步到独立的风控系统。 | 通过事后风控，确保实盘交易的准确性、合规性，并为T+1日的事前风控做准备。 |
| 限额管理及监控 | 交易管理部门、投资研发部门、风控合规部门、信息技术部门 | 交易管理部门的交易员根据策略要求和交易所合规要求设置监控限额；<br>超出阈值时，风控系统自动预警并提示交易员；<br>针对超限情况，由交易管理部门、投资研发部门协调处理，对超限原因进行分析，并做出相应调整。 | 通过限额体系设置和超限管理，确保交易的合规性和营利性，并在超限情况下及时止损。 |
| 模型风险管理 | 投资研发部门、风控合规部门 | 在模型开发阶段进行回溯测试，并根据测试结果对模型进行优化；<br>回溯测试通过后在试运行环境中进行模拟交易，并根据交易结果对模型进行优化；<br>模型上线后进行每日损益归因分析。 | 通过全面、完善的模型验证审批、交易记录和监控维护，确保模型的正确有效。 |
| 损益归因 | 投资研发部门、风控合规部门 | 根据策略特点配置归因模型；<br>分析策略组合收益或损失的来源；<br>根据归因结果定期调整模型。 | 通过每日损益归因分析，确保模型盈利能力和风控能力的持续性。 |

续表

| 具体环节 | 执行部门 | 工作流程 | 控制点 |
|---|---|---|---|
| 基本计量 | 风控合规部门、产品运营部门 | 明确基金产品的估值方法;<br>计量基金产品净值。 | 通过明确基金产品的估值方法,确保净值计量的准确性。 |
| 内部检查 | 风控合规部门、产品运营部门 | 根据中基协发布的《中国证券投资基金业协会自律检查规则(试行)》的相关要求,定期进行合规自查,形成自查报告并留存备案。 | 通过定期进行完整的内部检查,确保业务合规。 |
| 交易验证 | 交易管理部门 | 及时核对并存档保管每日投资组合交易情况等;<br>复核系统中的交易记录,并与报表数据进行核对。 | 通过存档与复核,确保交易的合法合规性。 |
| 清算交割 | 交易管理部门 | 执行交易所或其他相关业务机构规定的清算和交割程序;<br>及时补充清算交割准备金。 | 严格遵守清算交割程序,保证清算的连续性、及时性和安全性。 |
| 记账 | 综合管理部门 | 建立会计账簿并记账;<br>会计复核。 | 通过独立记账和有效复核,确保会计的准确性,从而避免经济损失。 |

## 4.2.2 典型案例

1. 骑士资本事件

(1) 事件回顾。

在 2012 年 8 月 1 日 9 时 30 分到 10 时 15 分(美国东部时间)的 45 分钟交易时间里,骑士资本(Knight Capital Group)的高频交易系统实际从零售客户那里收到了 212 笔交易订单,但交易系统却发送了400万笔错误交易订单至纽约证券交易所。该失误操作导致骑士资本当天损失4.6亿美元，同时也触发了纽约证券交易所的熔断机制，并使其对部分个股启动临时停牌。最终，纽约证券交易所查验了140只非正常交易股票，取消了其中6只股票的全部交易。随后骑士资本陷入经营危机，5个月后被GETCO公司兼并。

美国骑士资本成立于1995年，是华尔街最知名的证券公司之一。2011—2012年，美国骑士资本的总交易量占美国上市公司股票总交易量的10%，其中SMARS系统的交易量占美国上市公司股票交易量的1%。

SMARS系统是一个自动且高速的算法路由器，其核心功能是接收来自骑士资本交易平台其他组件的指令（父指令，parent order），再根据可用流动性情况将该指令拆分为一个或多个子指令（child order）并发送到外部交易场所执行。SMARS系统中的Power Peg功能包含分单和检验两项功能。分单功能是指通过SMARS系统自带的算法策略将一个大交易订单分成若干小交易订单，再根据市场实际情况将分割后的子交易订单以最快的速度分发至相应的交易所或交易中心。检验功能是指当子订单的股票累计数量达到原交易订单股票数量时，则停止发送子订单。

为了使客户参与到纽约证券交易所计划于2012年8月1日实施的零售流动性项目（NYSE Retail Liquidity Program，"RLP"）中，骑士资本从2012年7月27日开始在SMARS系统的8台服务器上部署新的与订单处理相关的RLP代码。该代码用于替换曾用于启动

Power Peg 功能但目前不再使用的代码，同时，新的 RLP 代码继续使用用来激活 Power Peg 功能的标志。因此，当 Power Peg 功能从系统中全部删除且激活标志显示为"yes"时，系统调用的才是新的 RLP 功能，而不是 Power Peg 功能。但在实际部署过程中，一位技术人员没有完成其中一台服务器的全部更新工作。该技术人员删除了第 8 台服务器中 Power Peg 的检验功能，却保留了其分单功能，同时也没有添加新的 RLP 代码。除此之外，骑士资本没有建立与代码部署相关的复核机制，导致 SMARS 系统中只有 7 台服务器可以正常使用，第 8 台服务器部分功能缺失。

2012 年 8 月 1 日，SMARS 系统中的 7 台服务器正确处理了来自不同经纪商的订单，但由于第 8 台服务器中依然保留着 Power Peg 的分单功能，且其检验功能已被删除，该服务器不断拆分大交易订单，并将分割后的子交易订单快速发送至交易中心，最终造成了巨大损失。

美国证监会公布的调查结果显示，骑士资本的 SMARS 交易系统在处理从投资人那里实际收到的 212 笔小额零售订单的同时，在 45 分钟的时间内向市场发送了数百万笔订单。具体而言，骑士资本对 154 只股票执行了超过 400 万次交易，购买了超过 3.97 亿股股票。截至事件当日停止发出指令时，该公司已持有 80 只净多头头寸股票，价值约为 35 亿美元，以及 74 只净空头头寸股票，价值约为 31.5 亿美元。最终，骑士资本在这些不必要的头寸上损失了 4.6 亿美元。

（2）风控缺陷分析。

1）限额指标体系不完善，无法控制巨额交易行为。

第一，SMARS系统对高买低卖行为进行了额度控制，但未对单位时间内的巨额交易进行控制。SMARS系统中针对父指令和子指令的交易单价设置了9.5%的额度阈值。当卖出价格低于市场最优卖价9.5%，或买入价格高于市场最优出价9.5%时，系统会进行交易拦截处理。但当单笔交易价格未触碰该指标控制线且出现大量交易时，骑士资本没有针对该情景设置额度控制。具体而言，骑士资本没有对单位时间内的总发单量或买卖金额设置限额指标，如每分钟总发单量指标或每分钟买卖总金额指标，导致无法控制巨额交易行为。同时，SMARS系统也没有针对异常交易设置适当的控制程序。

第二，骑士资本在账户层级设置了头寸限额指标，但未将该指标应用在公司层级的风控系统中，且骑士资本的风险管理主要建立在公司层面的风控系统之上，导致当实际超过公司层级的限额指标时，风控系统无法捕捉到超限情况，也无法进行交易拦截。例如，骑士资本的"33账户"用于暂时持有多种类型的头寸，该账户包括向交易所下单后反馈回来，但暂时无法匹配到父指令的交易头寸。骑士资本对"33账户"设置了200万美元的总头寸指标，却没有将该账户链接到任何与敞口控制相关的系统中。8月1日早上，SMARS系统向交易市场发送数百万次的子指令，"33账户"则开始不断累积由此而产生的巨大头寸，但由于没有将"33账户"与能够对交易进行控制的公司层级的指标关联起来，导致SMARS系统不断向市场发送子指令。

2）缺失事前头寸监控环节。

第一，骑士资本的主要风险监控系统是一个事后监控系统，该系统被称为"PMON"。在交易市场开盘时，骑士资本相对资深的员工已观察到"33账户"不断累积的大量头寸，但由于并没有将该系统放置在向市场发送订单前，导致无法在总头寸额度超限时进行拦截。

第二，PMON 系统是一个完全依靠人工进行监控的系统，该系统的监控屏幕无法显示指标阈值，只有在监控人员事先了解指标阈值的前提下，才能发现指标超限情况。

第三，PMON 系统没有针对公司资金敞口设置自动预警功能。

3）缺失完善的系统维护机制。骑士资本没有建立一套完善的系统维护机制。一是骑士资本没有针对 SMARS 系统编写过代码开发和部署的步骤手册。二是没有针对代码部署工作设置双人复核机制。三是没有建立代码更新测试机制，无法确保在实盘交易时仍然保留在系统中但不需要使用的代码不会被激活。

4）缺失应急响应管理流程。骑士资本没有制定合理的应急响应措施来指导员工应对重大技术事件和合规事件，以致错过了降低潜在风险的最佳时机。

5）缺失完善的系统预警功能且员工风险意识不足。2012 年 8 月 1 日开盘前，骑士资本收到了符合 RLP 计划的盘前交易订单。在 SMARS 系统于早上 8 时 01 分开始处理这些订单的同时，骑士资本的内控系统自动向公司内部共计 97 名员工发送了多封被识别为错误订单的电子邮件，邮件中也明确表示这些错误订单与 Power Peg 模块被禁用有关。但由于 SMARS 系统没有对这类消息进行预警提示，且当时骑士资本的工作人员没有查看非预警消息的习惯，即便系统发送了与代码部署失败相关的实时信息，骑士资本也失去了在市场开盘前识别和修复代码问题的机会。SMARS 系统预警功能的不完善导致这些实时信息既没有在开盘前用于采取补救措施，也没有在开盘后用于问题定位。

6）未根据监管要求进行风险管理或合规检查。美国证监会《市场交易条例》第 15c3-5 条（简称 15c3-5 条例）要求经纪自营商应合理控制进入交易市场的风险，不应对金融环境造成危害性影响，同时应确保证券交易市场参与者的公平性以及金融系统的稳定性。具体而言，能够进入交易市场的经纪自营商应建立一套风险管理和检查机制，对该机制通过制度手册等方式进行文档管理，并对落实情况进行持续跟踪。同时，该机制应能够针对错误订单以及超过公司层级相关指标额度的订单进行拦截处理。

在 15c3-5 条例正式实施前，骑士资本合规部门已针对各项要求进行过自评估，但该评估过程没有包括评估 SMARS 系统的潜在故障问题、PMON 系统是否能阻止超过资本上限的订单，也没有完整评估过程记录文档，导致后续复核人员无法识别评估范围的完整性。最终，骑士资本的程序化高频交易系统在给客户和公司自身带来损失的同时，对市场稳定性造成了极大的影响。

（3）风险控制的启示。

1）完善限额指标。应增加单位时间内的交易限额指标，以及公司层级的信用或资本限额指标。例如，每分钟总发单量指标或每分钟买卖总金额指标等。

2）建立事前监控系统。应建立事前监控系统，自动显示指标阈值、使用情况和超限情况，及时对超限情况进行预警提示并采取相应措施。

3）完善系统更新机制。应建立一套完善的系统更新机制，针对各个系统提供代码开发和部署的步骤手册，设置系统更新双人复核机制，并建立代码更新测试机制，以确保实盘交易符合最新策略表现预期。

4）建立应急管理体系。应建立合理的应急管理体系来指导员工应对重大技术事件和合规事件，以确保及时纠正错误并降低风险。

5）完善系统预警功能并加强员工风险意识。风险监控系统应针对超限等异常情况进行预警提示，并加强对自身员工的风险管理宣导与教育工作，形成主动发现、主动上报、及时整改的工作流程。

6）建立合规检查机制。合规部门应及时了解监管要求，根据监管要求定期进行合规检查，并对检查结果进行详细记录。针对检查结果发现的需要整改或调整的部分，应持续进行跟踪。

2. LTCM 基金事件

（1）事件回顾。[①]

美国长期资本管理公司（LTCM）作为一家相对价值类对冲基

---

① LTCM Case Analysis. Bauer College of Business（University of Houston），2006.

金公司，主要使用的交易策略为相对价值交易（relative value trade），常使用其分支下的收敛套利交易（convergence trade），以上两种策略均是利用两种金融工具之间价差的变化来获利。以收敛套利交易为例，LTCM做多发行时间较长的国债，做空新发行的国债，预期未来二者之间的价差变小。其最大的赌注是流动性变化。LTCM认为不会出现被迫意外平仓的情况，因此大量开展此类交易。

为了放大套利的收益率，LTCM使用数倍的财务杠杆和大量衍生品合约。1997年底，公司累计负债将近1 250亿美元，使得总资产与净资产之比高达26倍。如果考虑金融衍生工具的杠杆倍数，则其杠杆比率将近300倍。高倍的财务杠杆和LTCM的投资组合特征使流动性风险大大增加，而这也成为LTCM在经历1998年俄罗斯金融危机后蒙受巨大损失的重要原因。

至1998年初，LTCM已拥有巨额投资组合，其价值高达1 000亿美元以上，除向各金融机构借贷的资产外，其自有资产价值为40亿美元左右。因1997年业绩下滑，LTCM将投资领域从之前的固定收益市场扩展至权益和发展中市场。

然而同年8月，俄罗斯债券违约导致全球范围内大量流动性转移，转移方向与LTCM的策略方向背道而驰。投资者对高流动性、高质量投资的巨大需求导致高质量和低质量投资点差扩大，而LTCM预期点差变窄，导致其策略发生亏损。而其自动投资系统无法正确处理这种几乎不可能发生的事件，仍然不断扩大相关衍生品的运作规模。

截至 8 月底，LTCM 的资本仅剩 23 亿美元，约为年初资本的一半，而其资产价值为 1 070 亿美元左右。资本的减少使其杠杆比率进一步升高，甚至已超过 45 倍。随着损失的不断增加，加上 LTCM 当初出于交易策略保密考量，将构成策略的不同交易交给多家金融机构执行而造成的多份保证金要求，LTCM 面临越来越大的债务偿还压力。加上其大部分资产都缺乏流动性，即使在市场正常时期也无法快速以合理价格变现。因此，LTCM 不仅没有足够的优质资产用于抵押，还面临资产清算的困难。

在俄罗斯金融危机发生后的 150 天之内，LTCM 净资产迅速缩水 90%，发生亏损共 43 亿美元，资本仅余 5 亿美元，濒临破产。为了避免世界金融体系发生系统性危机，美联储联合美国主要的投资银行和商业银行精心策划了一项 35 亿美元的救助计划，参与者将获得 LTCM 90% 的股权。

(2) 风控缺陷分析。

1) 模型风险。LTCM 数学模型基于历史数据建立其假设前提，并据此得出计算结果。然而，历史数据只能代表过去，无法预测未来的所有可能。LTCM 基于历史统计分析得出了德国债券和意大利债券价格存在正相关性的结论，却忽略了未来存在负相关性的可能。该可能性会随着外部条件的变化而变成现实，最终改变整个系统的风险，甚至引发巨额损失。

2) 流动性风险。LTCM 破产的最终原因是全球固定收益市场的流动性转移。随着俄罗斯卢布贬值、俄罗斯主权债违约，固定收益投资组合经理开始转向流动性更强的资产。特别是许多投资者将投资转向了美国国债市场，还将资金投入美国国债市场流动性最强的部分，即近期发行的美国国债。尽管在正常市场条件下，美国国债市场的流动性相对较好，但全球投资者向流动性资产的转移对美国国债的冲击依旧很大，导致近期发行的国债和发行时间较长的国债之间的收益率和价格差急剧扩大。投资者的流动性转移拉高了LTCM做空的流动性强的债券价格，降低了其做多的流动性较差的债券价格。

LTCM没有考虑到的是，其交易策略的很大一部分暴露于流动性价格的变化。如果流动性变得更有价值，它的空头头寸相对于多头头寸的价格就会上涨，导致单一风险因素未对冲的规模敞口相应增大。

3）高杠杆比率。资本市场中的高收益往往与高风险并存。当市场变化对资产造成损失时，LTCM举借高倍杠杆意味着其需要更多现金来满足保证金的额度要求。而LTCM在高保证金的压力下，通过抛售非核心资产获取现金，支持其所投资产的仓位。当市场形势持续对LTCM不利时，保证金的要求逐渐超出LTCM的承受范围，导致LTCM因缺少足够的现金而无法缴纳保证金。

（3）风险控制的启示。

从LTCM事件中可以看出，基于历史数据的数理统计分析而建立的金融模型会随着市场的发展而受到模型风险或参数风险的影响。因此，通过自定义情景来进行压力测试，并根据测试结果对模型加以调整可以有效减轻金融危机带来的影响。

LTCM模型的前提假设是多空头寸之间具有较强的相关性。一般而言，发行期在两年内的公司债的相关性在90%～95%，然而在LTCM的危机中，该相关性下降到80%。若LTCM对LTCM模型进行压力测试，且压力测试情景包含公司债相关性这一因素，就能够预判该模型的风险承受能力，以降低模型上线后在实盘交易中的实际风险。

在压力测试中纳入投资者突然强烈地倾向于持有流动资产这一情景（flight to liquidity），可以通过将证券划分为流动性或非流动性来粗略地实现。流动性证券的流动性系数为正，流动性差的证券被指定为流动性因素的负敞口。要素移动的规模（以流动性证券和非流动性证券的价差的移动来衡量）可以通过统计的方式来估计（可能将LTCM危机作为最坏的情况）。

若采用这种方法，LTCM可能会将其多数多头头寸归为非流动性头寸，而将多数空头头寸归为流动性头寸，因此，其流动性因素的名义敞口等于其总资产负债表的两倍。一个更精细的模型将考虑到不同证券的可能流动性范围，至少任何杠杆投资组合都应纳入流动性风险因素的一般概念。

3. 光大证券"乌龙指"事件

（1）事件回顾。[①]

2013年8月16日11时5分，上证指数出现大幅拉升，大盘一

---

① 参考中国证券监督管理委员会网站《光大证券异常交易事件的调查处理情况》。

分钟内突涨超过 5%，50 多只权重股均触及涨停。11 时 44 分，上交所称系统运行正常。14 时，光大证券公告称策略投资部门自营业务在使用其独立的套利系统时出现问题。造成当天市场异动的主要原因是光大证券自营账户大额买入。事发后，证监会迅速启动调查，最终定性为"内幕交易"。事件以证监会没收光大证券违法所得、处以巨额罚款，并对主要责任人进行罚款、市场禁入收场。

光大证券自营业务的策略交易系统包含订单生成系统和订单执行系统两部分。2013 年 8 月 16 日上午，光大证券交易员进行了三组 180ETF 申赎套利交易，前两组顺利完成。11 时 02 分，交易员发起第三组交易。11 时 05 分 08 秒，交易员尝试使用订单生成系统的"重下"功能，对第三组交易涉及的 171 只权重股票买入订单中未能成交的 24 只股票进行自动补单，便向程序员请教。程序员在交易员的电脑上演示并按下"重下"按钮，存在严重错误的程序被启动：补单买入 24 只股票被执行为"买入 24 组 ETF 一篮子股票"，并报送至订单执行系统。订单执行系统随即生成巨额市价委托订单，并直接发送至上交所，最终以 234 亿元巨额资金申购 180ETF 成分股，实际成交 72.7 亿元，引发市场剧烈波动。

在当日 13 时开市后至 14 时 22 分，光大证券在未向社会公告相关情况的情形下，卖出股指期货空头合约 IF1309、IF1312 共计 6 240 张，合约价值为 43.8 亿元；卖出 180ETF 共计 2.63 亿份，价值为 1.35 亿元；卖出 50ETF 共计 6.89 亿份，价值为 12.8 亿元。交易完成后，光大证券公告称，造成当天市场异动的主要原因是自营

## 第4章 量化基金的运营管理及风险控制

账户大额买入。

证监会认定"光大证券在进行 ETF 套利交易时,因程序错误,其所使用的策略交易系统以 234 亿元的巨量资金申购 180ETF 成分股,实际成交 72.7 亿元"为内幕信息,光大证券是内幕信息知情者,在上述内幕信息公开前进行股指期货和 ETF 交易构成内幕交易。证监会决定没收光大证券违法所得,并处以违法所得 5 倍的罚款,罚没款共计 523 285 668.48 元;对 4 名责任人员分别给予警告,处以 60 万元罚款,并采取终身证券、期货市场禁入措施;对光大证券董事会秘书处以 20 万元罚款。

(2) 风控缺陷分析。

光大证券异常交易事件是我国投资市场建立以来首次发生的因交易系统产生的极端个别事件,对市场的负面影响很大。造成此次事件的主要风控缺陷如下:

1) 交易系统存在设计缺陷,未形成有效控制,未纳入公司风控体系。由于策略投资部长期未纳入公司风控体系,策略投资部自营业务使用的策略交易系统和交易控制缺乏有效管理,程序调用错误、额度失效等设计缺陷直接导致了巨额订单的执行,具体环节如下:

- 订单生成系统中 ETF 套利模块的设计由策略投资部交易员提出需求,程序员一人开发和测试。策略交易系统于 2013 年 6 月至 7 月开发完成,7 月 29 日实盘运行,试运行时间不足。8 月 16 日发生异常时实际运行时间不足 15 个交易日。

- 订单生成系统的订单"重下"功能未经测试,也一直未实盘启用。8月16日当天交易员试图补单买入24只股票,"重下"功能将该指令执行为"买入24组ETF一篮子股票",并报送至订单执行系统。

● 订单执行系统(由上海蜂虎铭创软件技术有限公司开发)针对市价委托订单是否超出可用资金额度也未能进行有效校验。

订单生成系统与订单执行系统的重大漏洞说明光大证券在对策略交易系统提出需求、开发与测试阶段均缺乏有效的风险管控措施,风险意识淡薄。此外,策略交易系统独立于公司风控系统,导致交易员级、部门级至公司级的风控管理措施失效,比如业务指令发出后没有复核机制,交易员级及部门级的操作限额未发挥作用,公司监控系统也未及时发现234亿元巨额订单并发出预警提示。

2)操作风险管控存在缺陷。交易员、程序员在从未实盘使用过"重下"功能的情况下,并未意识到该操作存在风险,未向上级主管汇报请示便实施了该操作,最终造成严重后果。光大证券未针对策略投资部的投资交易业务建立书面化、体系化的操作风险识别与防控机制,未明确当操作存在风险时的逐级审批流程,交易员/程序员因风险意识淡薄而未按规定汇报与执行,这是操作风险管理与控制方面的缺陷。

3)信息沟通不畅,信息披露不及时,应急处理流程不当。当天14时22分前,光大证券知悉市场异常波动的原因却并未公告,反而在信息披露前进行大量反向交易。当天11时59分左右,光大证券董事会秘书在相关信息未披露、市场猜测众多的情况下,未做任何核实即轻率地对外界媒体否认"光大证券自营盘 70 亿元乌龙指"的传闻，对投资者造成了误导。

可见，光大证券系统发生异常后，未及时向有关人员汇报，未及时向市场披露真实情况，造成信息误导；而且应急处理流程不当导致未正确处理突发异常事件，信息披露前的反向交易操作违反了有关规定，最终造成证监会对其"内幕交易"的认定。虽然此次事件由交易系统引发，属于极端情况，但也暴露出光大证券在内部控制与应急管理方面存在重大缺陷。

（3）风险控制的启示。

1）前台。前台开展新交易时应提请中台参与测试。新交易需要开展但暂时缺乏系统保障的，则应制定详细的操作流程，比如前台需要将交易单据通过电子影像系统、传真或邮件等方式发送给后台，并进行电话确认。

2）中台。前台向中台提请新交易时，中台应进行测试；新交易投产初期，中台应密切监测，发现异常情况应立即向上级汇报。

3）后台。针对尚未实现系统直通化、需要手动处理的新交易，后台应对前台发送的交易单据邮件、传真等给予回复，并且在日终彻查所有需要确认的邮件、传真，让小组成员进行交叉复核，保证交易无遗漏。

4）机控措施。新系统上线前应保证试运行时间，新系统各项功能需经过测试。对于新交易，原则上应在开办前具备系统保障，应支持交易确认与交易复核、清算等功能，比如复核人可录入信息及点击确认等。若暂不具备系统保障，需评估开发新产品的必要性，经相关领导审批后可先行开发，但需要在规定期限内完成系统建设。

## 4.3 风险管理工具

目前，量化基金的风险管理工具以限额管控、损益归因、模型管理和估值计量为主。

限额管控是指在遵守监管规定的前提下，通过将风险控制在可承受的合理范围内为衡量风险状况的指标设定限额，以实现经风险调整的收益率最大化。该限额代表了量化基金管理人对某策略所能容忍的最大风险。但在实际应用中，由于交易策略会根据市场环境、策略表现等因素随时调整，策略研究员应定期更新限额指标，以确保限额指标与投资业务规模、复杂程度和风险特征相适应，与公司业务发展、管理能力和风险承担水平相一致。

损益归因是在基准组合的基础上对投资组合的表现予以解释，以挖掘超额收益或损失的来源，并用它们来评价策略研究员的管理能力。但由于各策略模型风险因子的特殊性，各量化基金管理人可根据需求设计更符合分析需求的模型，以确保超额收益或损失来源定位的准确性。

模型管理是指量化基金管理人通过模型开发、模型验证、模型上线和模型监控与维护等流程，确保模型表现符合预期。由于模型风险主要来源于外部环境、模型假设和模型操作，因此量化基金管理人可通过回溯测试、交易模拟验证和实盘后验证三个阶段进行模型验证。

在估值计量方面，由于目前基金净值估计工作由托管机构具体执行，建议各基金管理人充分了解基金净值计量的方法论和过程，并定期与托管机构进行沟通，以确保净值计量结果的准确性与及时性。

### 4.3.1 限额管控

1. 限额体系

基金管理人的限额体系一般分为法定限额和管理性限额。在法定限额方面，《证券法》对持有上市公司百分之五以上股份的股东规定了所应履行的义务；各证券交易所和期货交易所发布的交易规则从定性角度对异常交易进行了定义，但并未明确具体限额名称和相应额度限制。在管理性限额方面，各基金管理人根据各策略的投资特点和风险偏好，设置了敞口、集中度、偏离度、相关性和波动性等指标。

（1）法定限额。

基金管理人持有上市公司百分之五以上的股份时，根据《证券法》的相关要求，需要履行以下义务：

股份转让方面，基金管理人在转让其持有的上市公司股份时，不得违反法律、行政法规和国务院证券监督管理机构关于持有期限、卖出时间、卖出数量、卖出方式、信息披露等的规定，并应当遵守证券交易所的业务规则。

股票交易方面，针对上市公司股票或其他具有股权性质的证券，私募基金管理人不应在买入后六个月内卖出，或者在卖出后六个月内又买入。若违反此规定，则监管机构将给予警告，并处以十万元以上一百万元以下的罚款。同时，由此所得收益归该上市公司所有，公司董事会应当收回其所得收益。

内幕信息方面，持有上市公司百分之五以上股份的基金管理人属于证券交易内幕消息的知情人。在内幕信息公开前，证券交易内幕信息知情人不得买卖该公司的证券，或者泄露该信息，或者建议他人买卖该证券。若因内幕交易行为给投资者造成损失的，证券交易内幕信息知情人应依法承担赔偿责任。

信息披露方面，当基金管理人单独或与他人共同持有上市公司已发行的有表决权股份的百分之五，或达到百分之五后持有股份比例每增加或减少百分之五时，应在该事实发生之日起三日内向监督管理机构、证券交易所做出书面报告，通知该上市公司，并予公告，同时，在上述期限内不得再行买卖该上市公司的股票，但国务院证券监督管理机构规定的情形除外。当基金管理人单独或与他人共同持有上市公司已发行的有表决权股份达到百分之五后，应在持有股份比例每增加或减少百分之一的次日及时通知上市公司，并予公告。

根据《上海证券交易所交易规则（2023 年修订）》《北京证券交易所交易规则（试行）》《深圳证券交易所交易规则（2023 年修订）》

规定，各交易所对异常交易的认定标准如下：

1）可能对证券交易价格产生重大影响的信息披露前，大量或持续买入或者卖出相关证券；

2）单个证券账户，或两个以上固定的或涉嫌关联的证券账户，大笔申报、连续申报、密集申报或申报价格明显偏离该证券行情揭示的最近成交价；

3）单独或合谋，以涨幅或跌幅限制的价格大额申报或连续申报，致使该证券交易价格达到或维持涨幅或跌幅限制；

4）频繁申报或撤销申报，或大额申报后撤销申报，以影响证券交易价格或误导其他投资者；

5）通过大笔申报、连续申报、密集申报或者以明显偏离合理价值的价格申报，意图加剧证券价格异常波动或影响本所正常交易秩序；

6）对单一证券在一段时期内进行大量且连续的交易；

7）交易所认为需要重点监控的其他异常交易行为。

另外，各交易所在反向交易、异常申报、回转交易、误导投资者决策方面的认定标准有所不同：

1）反向交易。《上海证券交易所交易规则（2023年修订）》与《深圳证券交易所交易规则（2023年修订)》规定，单个账户、自己实际控制的账户之间或者涉嫌关联账户之间大量或者频繁进行自买自卖、互为对手方的交易或者反向交易为异常交易，需重点监控。北京证券交易所将单个或两个以上固定的或涉嫌关联的证券账户之间，大量或频繁进行的反向交易认定为异常交易。

2）异常申报。北京证券交易所特别对集合竞价期间以明显高于前收盘价的价格申报买入后又撤销申报，随后申报卖出该证券，或以明显低于前收盘价的价格申报卖出后又撤销申报，随后申报买入该证券的行为做出规定，将此行为同样认定为异常交易并进行重点监控。深圳证券交易所认定在证券价格敏感期内，通过异常申报，影响相关证券或其衍生品的交易价格、结算价格或参考价值的行为也属于异常交易行为。

3）回转交易。上海证券交易所规定，在同一价位或者相近价位大量或者频繁进行回转交易属于异常交易。深圳证券交易所规定，同一证券账户、同一会员或同一证券营业部的客户大量或频繁进行日内回转交易属于异常交易。北京证券交易所对异常交易行为中回转交易的认定无明确说明。

4）误导投资者决策。上海证券交易所与深圳证券交易所将虚假申报，即不以成交为目的，通过大量申报并撤销等行为，引诱、误导或者影响其他投资者正常交易决策视为异常交易。

北京证券交易所对误导投资者决策的异常交易的认定包括以下四个方面：一是利用虚假或者不确定的重大信息，诱导投资者做出投资决策，并进行相关交易的；二是通过对证券及其发行人、上市公司公开做出评价、预测或者投资建议，误导投资者做出投资决策，并进行与其评价、预测、投资建议方向相反的证券交易的；三是通过策划、实施虚假重大事项，误导投资者做出投资决策，并进行相关交易的；四是通过控制发行人、上市公司信息的生成或者控制信息披露的内容、时点、节奏，误导投资者做出投资决策，并进行相关交易的。

对于期货交易，根据《郑州商品交易所交易规则》和《中国金融期货交易所交易规则（2018修订）》的规定，出现以下情形之一的，交易所可以宣布进入异常情况，采取紧急措施化解风险：一是地震、水灾、火灾等不可抗力或者计算机系统故障、意外事件等不可归责于交易所的原因导致交易无法正常进行；二是会员出现结算、交割危机，对市场正在产生或者将产生重大影响；三是期货价格出现同方向连续涨跌停板或市场风险明显增大时，采取相应措施后仍未化解风险；四是交易所规定的其他情形。

（2）管理性限额。

各基金管理人在满足法定限额的基础上，根据各策略和投资人的盈利目标与风险偏好，对各类产品进行差异化指标管理，以确保交易合法合规、符合策略收益预期。常见的管理性限额指标如表4-2所示。

表4-2 常见管理性限额指标

| 编号 | 限额类型 | 限额名称 | 计算口径 | 适用策略 |
| --- | --- | --- | --- | --- |
| 1 | 敞口 | 总市值敞口 | $\sum$（每股收盘价×股数＋每份市场价×份数），单个策略或所有策略维度 | 均适用 |
| 2 | 敞口 | 投资标的持仓个数 | 一个策略组合中投资标的的个数汇总值 | 均适用 |

续表

| 编号 | 限额类型 | 限额名称 | 计算口径 | 适用策略 |
|---|---|---|---|---|
| 3 | 敞口 | 每分钟发单量 | 每分钟发单数量累计汇总值 | 均适用 |
| 4 | 敞口 | 每分钟撤单量 | 每分钟撤单数量累计汇总值 | 均适用 |
| 5 | 敞口 | 每分钟买卖金额 | 每分钟买卖金额的绝对值汇总 | 均适用 |
| 6 | 集中度 | 投资标的持仓集中度 | 方法1：投资标的市值/单个策略总市值<br>方法2：投资标的股数/单个策略投资标的总股数 | 均适用 |
| 7 | 偏离度 | 价格偏离度 | 买入时：（市场最优出价－买入价格）/买入价格<br>卖出时：（卖出价格－市场最优卖价）/市场最优卖价 | 均适用 |
| 8 | 偏离度 | 策略组合和对标指数市值波动区间的偏离度 | (策略组合实际市值波动区间的绝对值－对标指数市值波动区间的绝对值)/对标指数市值波动区间的绝对值 | 指数增强策略 |
| 9 | 偏离度 | 策略组合中各行业占比与对标指数行业占比的偏差暴露 | 策略组合中某一行业占比－对标指数在该行业的占比 | 指数增强策略 |
| 10 | 相关性 | 所跟踪指数的标准差与产品净值的相关性 | $\mathrm{Cov}(X, Y)/\sqrt{\mathrm{VAR}(X)\mathrm{VAR}(Y)}$，<br>$X$＝跟踪指数的标准差，$Y$＝产品净值 | 指数增强策略 |
| 11 | 相关性 | 策略组合中的个股相关性 | $\mathrm{Cov}(X, Y)/\sqrt{\mathrm{VAR}(X)\mathrm{VAR}(Y)}$<br>$X$＝股票A价格，$Y$＝股票B价格 | 股票策略 |
| 12 | 波动性 | 策略组合的夏普比率 | (策略组合收益率－基准收益率)/策略组合标准差 | 股票策略 |
| 13 | 偏离度 | 策略组合的下行标准差 | $\sqrt{\sum(r_i-\mathrm{MAR})^2/(T-1)}$，$r_i<\mathrm{MAR}$，<br>$\mathrm{MAR}$＝最低可接受回报 | 股票策略 |
| 14 | 敞口 | 单品种保证金额度 | 追加保证金额度 | CTA策略 |

## 第 4 章 量化基金的运营管理及风险控制

2. 限额阈值与调整

限额阈值一般根据策略回溯测试结果来确定。在此基础上，各家基金管理人的投研部门或风控合规部门也会根据市场环境、监管政策、风险偏好、收益目标、限额执行情况及时提出限额调整建议，并报相应管理层审批。经管理层审批通过后，风控合规部门对相应指标阈值进行调整，交易策略在阈值范围内执行。例如，各商品价格在"两会"期间涨幅较大，对于投资标的含有商品的基金产品，其指标阈值会被相应放宽处理。

3. 指标监测与超限管理

基金管理人通过运用各限额指标，将交易过程中的风险控制在可接受范围内，并对指标执行情况进行实时监测、每日报告、持续调整和及时处理。目前，大部分基金管理人会设置限额控制线和超限过渡期。当指标超过控制线时，风险控制系统会进行刚性处理，拦截交易、平仓处理，并发出预警提示交易员。对于被动超限的情况，各基金管理人会根据合同约定告知投资者，并在合理的过渡期内进行处理。

对于精细化管理程度较高的基金管理人，弹性风险指标会被设置。该类指标仅用于持续观测风险水平，超限不做刚性处理。弹性风险指标通常是由于该类指标不对基金收益起决定性作用，但能反映一定的问题，出于监测和分析的目的而设置的指标。

### 4.3.2 损益归因

损益归因指的是在基准组合的基础上，对投资组合的表现予以解释，以挖掘超额收益或损失的来源，并用它们来评价策略研究员的管理能力。目前常用的损益归因方法包括 Brinson 模型、Fama-French 五因子模型以及 Barra 模型。在实际过程中，各基金管理人会基于以上模型设计更符合分析需求的模型。

1. Brinson 模型[1]

Brinson 模型由布林森（Brinson）和法克勒（Fachler）于 1985 年在论文"Measuring Non-US Equity Portfolio Performance"中首次提出，此模型简单直观且在行业内应用广泛。

Brinson 模型的原理是将投资组合的收益率拆分为基准组合收益率和组合超额收益率（见图 4-4）。其中，基准组合收益率代表因市场表现而获得的收益率，组合超额收益率主要来源于资产配置收益、个股选择收益和交互收益。

Brinson 模型分为单期模型与多期模型。单期模型可使用 BHB 方法或 BF 方法进行计算。具体而言，BHB 方法是把超额收益率拆分为选股、配置和交互收益，该方法简单直接。在 BHB 方法的基础上，BF 方法对其缺陷进行了改良，配置收益使用了新计算方式并将交互收益并入选股收益。多期模型需要对单期模型的结果进行调整

---

[1] 林晓明，黄晓彬，张泽. Brinson 绩效归因模型原理与实践. 华泰证券，2021；冯佳睿. 基金绩效归因方法的发展与简介. 海通证券，2021.

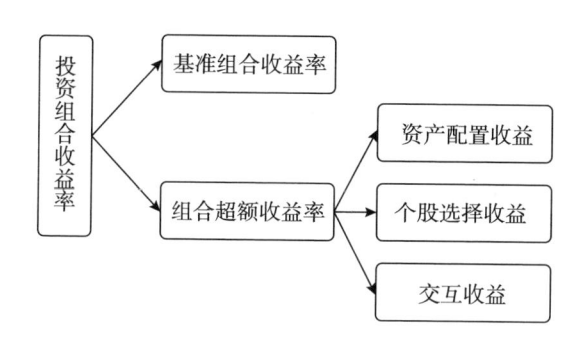

第 4 章 量化基金的运营管理及风险控制 159

图 4-4 Brinson 模型的原理

计算，以得到全时段的损益归因结果。

（1）单期 Brinson 模型——BHB 方法。① 在制定投资策略时，基准投资组合收益率由基准资产配置权重（$W_i$）和基准个股收益率（$b_i$）确定；实际投资组合收益率由实际资产配置权重（$w_i$）和实际个股收益率（$r_i$）确定。

BHB方法通过构造两个虚拟组合，将超额收益率归到选股收益、配置收益和交互收益中（见图 4-5）。两个虚拟组合分别为：配置组合和选股组合。对于配置组合，使用实际资产配置权重，不考虑投资经理选股与基准组合选股的差异，即使用基准组合中的个股收益率（$w_i \times b_i$）。选股组合则恰好相反，使用基准组合中的资产配置权重，但每个行业里配置的股票和实际组合保持一致，即使用实际组合收益率（$W_i \times r_i$）。

通过这两个虚拟组合，可以对超额收益率进行分类，但仍存在

---

① BRINSON G P，HOOD L R，BEEBOWER G L. Determinants of portfolio performance. Financial Analysts Journal，1986，42（4）：39-44.

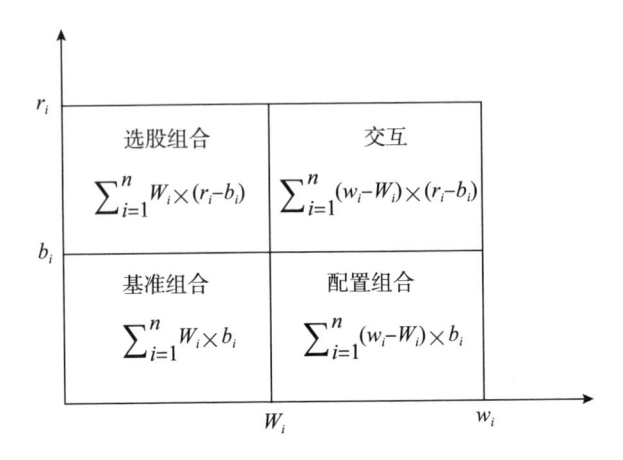

```
                    ┌─────────────────┬─────────────────┐
                 r_i│   选股组合      │    交互         │
                    │ ∑_{i=1}^n W_i×(r_i-b_i) │ ∑_{i=1}^n (w_i-W_i)×(r_i-b_i) │
                    ├─────────────────┼─────────────────┤
                 b_i│   基准组合      │   配置组合      │
                    │ ∑_{i=1}^n W_i×b_i │ ∑_{i=1}^n (w_i-W_i)×b_i │
                    └─────────────────┴─────────────────┘
                            W_i              w_i
```

**图 4-5　BHB 方法的原理**

一些无法用这两个因素解释的其他因素。其他因素在 Brinson 模型中被统一划分在交互因素中。

这个版本的模型十分依赖基准组合收益，在很多情况下策略会将高权重分配给比基准组合收益率高的行业或个股，而不是具有正收益率的行业或个股。如策略选择为具有正收益率但收益率低于基准组合收益率的行业或个股，则会对总收益产生负面影响。因此，需要另一个版本的模型来解释这一决策的逻辑。

（2）单期 Brinson 模型——BF 方法。[1] BF 方法与 BHB 方法有两点区别：一是 BF 方法的配置收益计算采用个股基础收益率（$r_i$）扣减基础组合整体收益率（$R_b$）的方法；二是 BF 方法不单独列出交互收益，而是将交互收益并入选股收益。

---

[1] BRINSON G P, FACHLER N. Measuring non-US equity portfolio performance. Journal of Portfolio Management, 1985, 11 (3): 73-76.

配置收益的新计算方法减轻了市场整体波动对单个资产收益测算的影响，进而使计算结果更为客观。BF 方法的变动与资产配置紧密相关，与个股选择没有关联。因此，BF 方法中的个股选择收益计算方式与 BHB 方法相比没有明显区别。由于 BF 方法把交互收益并入选股收益，选股收益为实际组合和配置组合收益之差，代表选股给配置组合所带来的超额收益。这一改变可使整个模型更清晰地反映资产配置和个股选择这两个收益影响因素（见图 4-6）。

| | 选股组合 $\sum_{i=1}^{n} w_i \times (r_i - b_i)$ | |
|---|---|---|
| $\sum_{i=1}^{n} W_i \times (b_i - R_b)$ | 配置组合 $\sum_{i=1}^{n} (w_i - W_i) \times (r_i - R_b)$ | |
| $\sum_{i=1}^{n} W_i \times R_b$ | $\sum_{i=1}^{n} (w_i - W_i) \times R_b$ | |

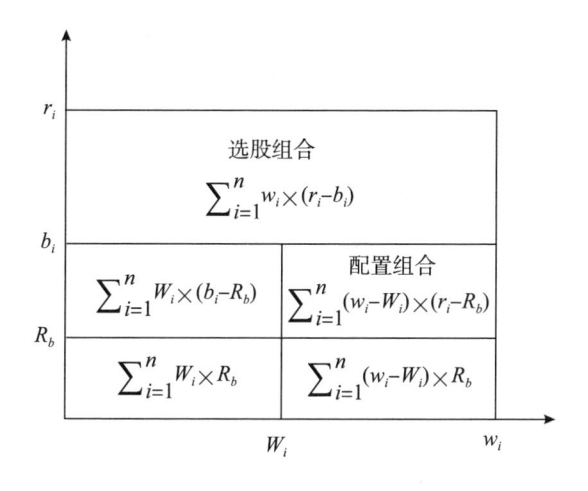

纵轴自上而下：$r_i$、$b_i$、$R_b$；横轴：$W_i$、$w_i$

**图 4-6　BF 方法的原理**

（3）多期 Brinson 模型。前文所介绍的 Brinson 模型主要用于单期绩效分析，在实际情况中由于投资经理的操作，会出现外部现金流的流入流出和行业配置权重变动的情况，所以构建多期 Brinson 模型十分重要。

在实际操作过程中，需要用算法对单期归因结果进行调整再计算，而不是简单地把单期结果相加。修正算法的设计初衷是想将再投资收益合理分配至各单期上，从而使修正后单期结果相加等于全时段的结果。

（4）模型的优缺点。Brinson模型的优势在于它直观、准确的分析过程和结果呈现。模型对输入数据的要求不高，只需实际投资组合和基准投资组合在各大类资产上的配置权重及相应的收益率。

缺点主要集中在考察资产配置因素时，Brinson模型由于对资产采用了定性分类法，因而存在天然缺陷，当分类维度过高时，处理难度会呈几何级数增长。因此，该模型更适合在较低的分类维度下应用。

2. Fama-French 五因子模型[1]

收益率归因方式的基本原理是将基金收益率作为因变量、不同因子作为自变量进行回归分析。Fama-French 五因子模型作为风格归因模型的代表，在收益率归因方面应用十分广泛。

（1）模型原理。Fama-French 五因子模型是基于三因子模型的改进版本，模型中所包含的因子有市场因子、规模因子、估值因子、盈利因子以及投资因子。不论是三因子模型还是五因子模型，都是对CAPM单因子模型超额收益率拆分的完善。

---

[1] FAMA E F, FRENCH K R. Common risk factors in the returns on stocks and bonds. Journal of Economics，1993，33（1）：3-56；FAMA E F, FRENCH K R. A five-factor asset pricing model. Journal of Financial Economics，2015，116（1）：1-22；FAMA E F. Components of investment performance. Journal of Finance，1972，28（3）：551-567.

(2) 因子与公式。Fama-French 五因子模型所使用的公式如下：

$$R_{it} - R_{Ft} = \alpha_i + b_i(R_{Mt} - R_{Ft}) + s_i SMB_t + r_i RMW_t + h_i HML_t + c_i CMA_t + e_{it}$$

式中，$R_{it}$ 表示 $t$ 时 $i$ 基金的收益率，$R_{Ft}$ 表示 $t$ 时无风险收益率，$R_{Mt}$ 表示 $t$ 时市场收益率，$\alpha_i$ 表示资产独特收益（Jensen's alpha）。

公式中所使用的因子如表 4-3 所示。

表 4-3 各因子的含义与计算方式

| 因子 | 符号 | 含义 | 计算方式 | 系数 |
| --- | --- | --- | --- | --- |
| 市场因子 | RM | 受市场因素影响产生的不确定性收益 | 市场收益率－无风险收益率 | 系数为正，说明该基金组合趋势与市场趋势一致；如系数大于1，说明该基金组合较为激进 |
| 规模因子 | SMB | 因公司规模不同而产生的收益率差异 | 市值小组合收益率－市值大组合收益率 | 系数为正，说明该基金组合偏向于配置小市值公司 |
| 估值因子 | HML | 因公司账面市值比不同而产生的收益率差异 | 账面市值比高组合收益率－账面市值比低组合收益率 | 系数为正，说明该基金组合偏向于配置高账面市值的公司 |
| 盈利因子 | RMW | 因公司盈利水平不同而产生的收益率差异 | 高盈利公司组合收益率－低盈利公司组合收益率 | 系数为正，说明该基金组合偏向于配置高盈利公司 |
| 投资因子 | CMA | 因投资风格不同而产生的收益率差异 | 投资保守公司组合收益率－投资激进公司组合收益率 | 系数为正，说明该基金组合偏向于配置投资保守的公司 |

因子的选择包括但不限于以上五种，许多学术研究以及公司在

做归因分析时还会增加择时和选股因子（如 T-M 模型、H-M 模型、C-L 模型等）。多因子模型对于因子的选择较为自由，需要根据拟合优度（$R^2$）进一步确定参与回归的因子个数。

因子的构建方式一般根据因子大小将所有股票分为 2 或 3 层，并根据计算公式得到相应结果。

（3）模型的适用性。回归模型运行后就会生成代表模型的拟合优度。拟合优度越高，代表模型解释基金实际超额收益来源的准确性越高。拟合优度较低时，则可以考虑重新选择归因模型，以提高损益归因的准确性。

（4）模型的优缺点。Fama-French 模型的优点在于基金数据获取的方便性，劣势在于回归结果易受多重共线性等问题影响，进而影响归因效果。解决方案包括手动剔除共线性的变量、采用逐步回归法与岭回归等。

3. Barra 模型[①]

Barra 模型属于多因子模型，使用收益率进行损益归因。2018 年 8 月，明晟公司（MSCI）发布了中国权益市场风险模型（CNE6）。相较于 2012 年发布的 CNE5，CNE6 在因子数量和合成方式上都有较大改变。Barra 风险模型既可以作为选股模型，也可以用作损益归因

---

[①] 张青，余景辉. 风险因子、业绩归因与指数化投资：金融工程专题报告. 华宝证券，2018；宋旸. Barra 风险模型（CNE6）之单因子检测：多因子模型研究系列之八. 渤海证券，2019；冯佳睿. 基金评价及筛选全流程研究框架：股票型与债券型基金多种维度定量与定性评价法. 华泰证券，2021；宋旸. Barra 风险模型（CNE6）之纯因子构建与因子合成：多因子模型研究系列之九. 渤海证券，2019.

模型。此处主要介绍 Barra 模型在损益归因方面的原理。

（1）Barra CNE6 因子。Barra 风险模型认为股票收益率可以拆解为国家因子、行业因子和风格因子。不同于 CNE5，CNE6 设置了三层风格因子体系：9 类一级风格因子、20 个二级因子、46 个三级因子。具体因子如表 4-4 所示。

表 4-4 因子构建及说明

| 一级因子 | 二级因子 | 三级因子 | 说明 |
| --- | --- | --- | --- |
| 规模 | 规模 | LNCAP | 规模 |
|  | 中市值 | MIDCAP | 中市值 |
| 波动率 | 贝塔 | BETA | 贝塔 |
|  | 剩余流动性 | historical sigma | 历史 sigma |
|  |  | daily std | 日标准差 |
|  |  | cumulative range | 累计收益范围 |
| 流动性 | 流动性 | monthly share turnover | 月换手率 |
|  |  | quarterly share turnover | 季换手率 |
|  |  | annual share turnover | 年换手率 |
|  |  | annualized traded value ratio | 年化交易量比率 |
| 动量 | 短期反转 | short term reversal | 短期反转 |
|  | 季节因子 | seasonality | 季节因子 |
|  | 行业动量 | industry momentum | 行业动量 |
|  | 动量 | relative strength | 相对强度 |
|  |  | historical alpha | 历史 alpha |

续表

| 一级因子 | 二级因子 | 三级因子 | 说明 |
|---|---|---|---|
| 质量 | 杠杆 | market leverage | 市场杠杆 |
| | | book leverage | 账面杠杆 |
| | | debt to asset ratio | 资产负债比 |
| | 收益波动率 | variation in sales | 营业收入波动率 |
| | | variation in earnings | 盈利波动率 |
| | | variation in cash-flows | 现金波动率 |
| | | standard deviation of analyst forecast earnings-to-price | 分析师预测 EP 比标准差 |
| | 收益质量 | accruals balancesheet version | 资产负债表应计项目 |
| | | accruals cashflow version | 现金流量表应计项目 |
| | 盈利能力 | asset turnover | 资产周转率 |
| | | gross profitability | 资产毛利率 |
| | | gross profit margin | 销售毛利率 |
| | | return on assets | 总资产收益率 |
| | 投资质量 | total assets growth rate | 总资产增长率 |
| | | issuance growth | 股票发行量增长率 |
| | | capital expenditure growth | 资本支出增长率 |
| 估值 | 账面市值比 | book to price | 账面市值比 |
| | 收益率 | trailing earnings-to-price ratio | EP 比 |
| | | analyst-predicted earnings-to-price | 分析师预测 EP 比 |
| | | cash earnings to price | 现金盈利价格比 |
| | | enterprise multiple（EBIT to EV） | 企业价格倍数的倒数 |
| | 长期反转 | long term relative strength | 长期相对强度 |
| | | long term historical alpha | 长期历史 alpha |

续表

| 一级因子 | 二级因子 | 三级因子 | 说明 |
| --- | --- | --- | --- |
| 成长 | 增长率 | predicted growth 3 years | 分析师预测长期盈利增长率 |
| | | historical earnings per share growth rate | 每股收益增长率 |
| | | historical sales per share growth rate | 每股营业收入增长率 |
| 分析师 | 分析师 | revision ratio | 调整比率 |
| | | change in analyst-predicted earnings-to-price | 分析师预测 EP 比变化 |
| | | change in analyst-predicted earnings per share | 分析师预测的每股收益变化 |
| 分红 | 分红 | dividend-to-price ratio | 股息率 |
| | | analyst predicted dividend to price ratio | 分析师预测分红价格比 |

根据以上因子构建的横截面回归模型为：

$$r_n = \sum_i X_{ni} r_i + \sum_s X_{ns} r_s + u_n$$

式中，$r_i$ 表示行业因子收益率，$r_s$ 表示风格因子收益率，$X_{ni}$ 表示行业虚拟变量，$X_{ns}$ 表示风格因子暴露度，$u_n$ 表示残差。

（2）因子检验。量化基金管理人可根据某个时间点整个市场的股票数据（剔除 ST 股票和因子值为空的股票），构建 CNE6 模型中的各类因子，进行数据检验，并确定损益归因时所使用的风险因子。

常用的检测方法包括但不限于：

绝对平均 $t$ 值：检测因子显著性；绝对 $t$ 值大于 2 的概率：检测因子显著性是否稳定；因子平均收益：检测因子的收益能力；因子

收益标准差：检测因子收益能力波动率；平均 IC 值：检测因子的预测能力，绝对值越大，证明因子预测有效性越强；IC 值大于 0 的概率：检测因子预测收益方向的一致性。

其中，相对重要的指标主要为不同的 $t$ 值和因子收益率标准差。由于风险因子具有解释力强但收益率不可控的特点，因此风险因子的选择条件是具有高 $t$ 值、高因子收益率标准差的因子。

对于行业因子来说，也可以划归为风险因子。管理人可用各类行业指数来计算行业因子，如中证一级行业指数、申万一级行业指数等。

（3）单期损益归因。Barra 模型进行损益归因的第一步是通过多因子横截面回归模型计算各行业因子和风格因子的收益率，其中风格因子暴露度可以用标准化因子实际值来表示。根据目标基金的构成和各股票的权重，计算该基金在行业因子及风格因子上的暴露度。暴露度越高，代表该因子对基金收益的影响越大。暴露度乘以该期因子收益率可以视为该因子对业绩的贡献。

（4）跨期损益归因。跨期损益归因需将单期损益归因的收益率进行调整，不可直接相加。一些基金管理人使用 Carino 于 1999 年提出的方法，引入调整系数将单期归因结果转换成对数收益率，累加之后生成跨期归因结果。

$$k_t = \frac{\ln(1+r_t)}{r_t}$$

$$k = \frac{\ln(1+r)}{r}$$

$$m_t = \frac{k_t}{k}$$

跨期归因：

$$c = \sum_t m_t c_t$$

式中，$r_t$ 表示基金第 $t$ 期收益率，$c_t$ 表示因子第 $t$ 期贡献，$r$ 表示区间基金收益率，$c$ 表示跨期因子贡献。

(5) Barra 模型的优缺点。Barra 模型使用多因子模型的横截面回归，将对多只股票的收益风险分析转换为对各个因子的收益风险分析。一般基金内股票数量远远超过所使用因子的数量，因此使用 Barra 模型可以显著减少工作量。同时，使用 Barra 模型还可以提高准确度。各因子的系数由各股票的线性回归构成，每个系数都有大量的样本，因此准确度会提高。

Barra 模型的主要缺点在于构建过程中会涉及大量的数据清洗和预处理，因此构建难度比其他归因模型大。

### 4.3.3 模型管理

1. 模型类型[①]

目前，量化基金管理人常用的策略包括市场中性策略、指数增强策略和 CTA 策略。市场中性策略是指在买入股票多头组合的同时

---

① 张青，余景辉. 大宗商品 CTA 多因子模型构建及回测：金融工程专题报告. 华宝证券，2020.

持有期权或股指期货等空头工具，以对冲市场风险获得 alpha 收益。指数增强策略的投资思路为复制选定指数并控制跟踪误差，以确保在控制误差的基础上获得超越指数的收益率。CTA 策略，也称商品交易顾问策略，以商品期货作为投资标的，通过模型预测标的的涨跌趋势，从而进行做多、做空等操作。

管理人通常使用多因子模型和统计套利模型实施策略。多因子模型（如 Barra 模型）将组合收益视为各因子的组合。模型根据所选因子在一定规则下挑选股票或商品期货。统计套利模型的构建是基于对历史数据的分析，根据分析结果选取不合理价差的股票或商品期货进行投资。

2. 模型管理流程

（1）模型开发。

目前，量化投资多以股票投资为主，所以以多因子选股模型为例，模型开发流程一般包括因子筛选、因子验证、因子合成和模型构建四个环节。

1）因子筛选。通过阅读各类相关文献并总结相关经验，研发团队建立多因子模型的原始因子库，并综合经济含义、金融逻辑和相关参数来确定因子的计算方式。根据 MSCI 提供的股权市场因子框架，常用的因子包括波动性因子、质量因子、动量因子、价值因子、市场情绪因子、股利因子、规模因子、成长因子、流动性因子和宏观因子十大类。在此基础上，研发团队也可自主研发因子库。例如，通过利用统计学工具从海量数据中挖掘获利资产共同特征的方式，或从经济学原理出发提出假设并利用历史数据验证假设的方式来构建因子。

2）因子验证。在找到与收益率相关的因子后，研发团队需要对因子质量进行验证，从而筛选出有效且稳定的因子。验证内容一般包括有效性验证、稳定性验证、一致性验证、单调性验证等。具体而言，有效性验证检查因子与收益率是否存在显著相关性；稳定性验证检查因子与收益率的关系是否稳定；一致性验证检查因子对收益率的影响方向是否一致；单调性验证通过分层回溯测试的方法检查因子是否具有单调性。

3）因子合成。在筛选出有效且稳定的因子后，还需解决因子间的多重共线性问题。相同类型的因子间可能存在较强相关性，从而使模型结果产生偏差。若有显著相关性的同类因子使用的金融理论相似，可以对此类因子进行合成；若有显著相关性的同类因子使用的金融理论不相似，则可以舍弃相对不显著的因子。

4）模型构建。经过因子筛选、因子验证和因子合成三个环节后，研发团队在有效因子库的基础上，通过确定各因子权重、股票筛选和其他约束条件来构建多因子选股模型。具体而言，第一，通过权重法、市值加权法、IC加权法等方法来确定因子权重，以确保符合选股预期。第二，利用打分法进行股票筛选。通过确定的因子权重计算出个股分值，并根据该分值按照一定的筛选标准筛选出评分高的股票作为可供选择的标的。第三，对选出的股票进行回溯测试，以检验模型效果。第四，添加约束条件以优化模型，例如行业权重、因子暴露、个股上下限、收益目标和风险目标等。

（2）模型验证。

模型验证一般分为回溯测试验证、交易模拟验证和实盘后验证三个阶段。回溯测试验证是将模型放入一段历史数据中进行表现检验。回溯测试报告提交至策略总负责人和风控委员会进行综合审批。交易模拟验证是在模拟账户中使用实时数据以评估策略运行情况。实盘后验证，即在模型实盘投入使用后，投资研发部和合规风控部对模型进行持续监控，对参数进行优化，以确保模型表现符合预期要求。

回溯测试阶段使用的是过去5~10年的历史数据，所以测试情景已包括历史极端情景。测试结果可以确保在出现不利的市场情况下，相应策略的收益或损失能够达到该策略设定的预期值。同时，为更加全面地覆盖模型所面对的重大风险，部分量化基金管理人会自定义测试情景。通常来讲，情景会选择对策略收益率有影响的指标，包括市场成交量变动、市场波动率变动等。

模型验证的内容主要包括输入数据验证、代码验证、策略验证和系统验证。输入数据验证主要涉及准确性、完整性、可靠性和及时性四方面的验证。输入数据包括交易数据、市场数据和参考数据。代码验证包括策略构建以及编程语言转化的验证，以确保策略按照投资者的想法实施交易行为。策略验证包括交易验证、风险指标验证和收益指标验证，以检验策略的效果是否符合设计者的预期。重点关注指标包括超额收益情况、日均超额收益、超额收益最大回撤、超额收益夏普比率等。系统验证包括与交易所互联的验证、交易系统验证和风控系统验证,以评估交易整体流程是否运行流畅、正确。

(3) 模型上线。

模型验证通过审批后,上线流程由交易管理部和信息技术部负责。交易管理部负责协助策略研发部将交易判断落实在产品层面,通过拆分算法确保各个账户间能均匀下单,以实现公平交易。信息技术部负责数据接口的通畅运行以及IT设备的保障工作等。

(4) 模型监控与维护。主要包括以下三个方面。

一是模型清单。量化基金管理人会构建模型库来完善模型清单,模型清单的内容包括模型名称、模型归属团队、模型用途、版本号、模型验证各环节关键时间点、验证负责人、模型上线时间和模型更新时间等,以确保所使用的是最新版本的模型,并对模型全生命周期进行备案记录。

二是模型监控。模型监控一般分为自动监控与手动监控两种方式。自动监控指风控系统中的实时监控。当发生异常交易时,风控系统会立即发出预警提醒,以便及时解决问题。手动监控指观察策略的业绩表现,并进行业绩归因。通常来讲,当日间出现极端市场情况时,系统不会对其进行干预,以确保业绩归因的准确性。只有出现物理问题(如交易所断线等)或部分超限情况时,系统才会切断交易信号进行平仓处理。

三是模型维护与更新。根据交易市场情况和研发人员产出情况,量化基金管理人会对模型进行不定期的调整与优化。一般而言,微观调整每日进行，较大调整每月进行一次。如遇市场出现极端情况导致当下使用的模型失效，量化基金管理人可能会及时修正或剔除该失效模型。当出现较大调整时，模型需重新经过投资经理或策略组组长的审批后才可上线。同时配套模型相关文档管理制度，文档类型可包括开发文档、验证文档和监控文档，其中开发文档可包括样本文档、回归结果、相关性测试结果等内容，验证文档可包括输入数据验证、代码验证、策略验证和系统验证等验证结果，监控文档可包括定期验证结果、监控情况、模型版本管理文档，以明确文档管理的内容、标准和流程。

3. 模型风险[①]

模型风险是指策略无法精准表示、匹配或者预测它所探索的现实世界现象的风险。从风险来源来看，模型风险主要分为模型假设风险、模型操作风险、外部因素风险三类。

在模型假设风险方面，主要包括正态分布的不成立和线性关系的不成立。一是正态分布的不成立。例如 VaR 模型的假设是投资组合呈正态分布，但在实际中，市场数据经常呈现厚尾特征，导致公司低估极端事件的数量，对于市场冲击的准备不够充分。例如，从 2000 年 1 月 3 日至 2008 年 11 月 30 日间的标普 500 指数历史数据来看，-4 倍标准差所对应的日期是回报率低于-5.35% 相对应的日期。若标普 500 指数的回报率呈正态分布，4 倍标准差的事件应为每

---

[①] 纳兰. 打开量化投资的黑箱. 北京：机械工业出版社，2016：256.

32 050 个交易日（假设每年有 250 个交易日，约合 128 年）发生一次。但事实上，该事件标普 500 指数大约每 13 个月就会发生一次。二是线性关系的不成立。在投资组合中，通常根据组合资产历史收益率的相关性矩阵来描述投资组合的分散化投资收益，但许多金融产品之间存在非线性关系，相关性矩阵的运用会低估或高估分散化投资收益的风险。

在模型操作风险方面，包括代码错误和架构错误。代码错误指交易程序代码编写的错误。例如，投资思路是以买入价买入和以卖出价卖出，但交易执行软件上用相反的符号编写程序，导致以买入价卖出和以卖出价买入，结果每笔交易都要付出买卖价差，在某种程度上会导致巨额损失，并影响整个市场。架构错误指服务器没有更新到最新版本或在交易时间内服务器重启后运行时间不一致，导致错误下单。

外部因素风险是指非市场内部信息导致的市场变动。例如，俄乌战争、伊拉克战争、恐怖袭击或监管干涉等。在外生冲击的情况下，市场的大幅波动无法通过使用历史数据拟合的模型进行解释，只能通过市场外部信息进行解释。

模型风险可通过模型验证环节全覆盖、限额管理和损益归因三种方式进行管理。具体管控流程可详见对应章节。

### 4.3.4 估值计量

在投资标的种类方面，量化基金产品的投资标的以上市公司股票为主，CTA策略以商品期货、股指期货为主，市场中性策略一般使用股指期货进行对冲。

量化基金通过穿透底层的方式计算净值。各基金产品所投资的金融工具的估值方式一般按照如下规则进行：

对存在活跃市场且能够获取相同投资品种报价的金融工具，在估值日有报价的，应将该报价不加调整地应用于该金融工具的公允价值计量。估值日无报价且最近交易日后未发生影响公允价值计量的重大事件的，应根据最近交易日的报价确定金融工具的公允价值。

存在活跃市场的投资品种，如估值日无市价的，且最近交易日后经济环境发生了重大变化，应对最近交易市价进行调整，确定公允价值。

不存在活跃市场的投资品种，应采用市场参与者普遍认同且被以往市场实际交易价格验证具有可靠性的估值技术确定金融工具的公允价值。采用估值技术确定公允价值时，应优先使用可观察输入值；只有在无法取得相关金融工具可观察输入值或取得不切实可行的情况下，才可以使用不可观察输入值。

在实际执行过程中，量化基金管理人作为估值第一责任人，日常估值工作一般委托第三方执行，由托管人进行复核。

主要投资标的的估值方法如表 4-5 所示。

表 4-5 主要估值方法

| 资产大类 | 资产类型 | 估值方法 |
| --- | --- | --- |
| 股票类 | 正常流通股 | 收盘价 |
| | 停牌股 | 指数收益法、可比公司法、市场价格模型法、市盈率法等* |
| | 限售股 | 收盘价（亚式期权定价模型计算流动性折扣） |
| 衍生品类 | 商品期货 | 市场报价（交易所结算价） |
| | 国债期货 | 市场报价（交易所结算价） |
| | 股指期货 | 市场报价（交易所结算价） |
| | 期权产品 | 期权定价公式、树方法、有限差分法、蒙特卡洛模拟法等 |
| 固定收益类 | 债券 | 收盘价、现金流折现法等 |
| | 资产支持证券 | 现金流折现法、现金流瀑布分配方法等 |

*中国证券投资基金企业协会. 中国证券业协会基金估值工作小组关于停牌股票估值的参考方法，2008.

## 4.4 报告体系

目前，量化基金的报告体系以监管报告和内部管理报告为主。在监管报告方面，监管机构会定期更新对各基金管理人在信息报送内容和频率方面的要求，各基金管理人应关注相关法律法规和其他规范性文件的最新要求，及时进行信息披露，以确保信息披露合法、真实、准确、完整和及时。在内部管理报告方面，各基金管理人应定期根据最新策略对报告内容、报告频率及报告层级进行审阅和更新，以确保各基金管理人真实、及时并准确地了解风险动态监控信息，减少或规避风险可能造成的损失，保证业务发展目标的实现。

### 4.4.1 定期报告

中基协于 2014 年 1 月 17 日发布了《私募投资基金管理人登记和基金备案办法（试行）》，该办法主要规定了信息报送的频率、内容等。中基协于 2016 年 2 月 4 日发布了《私募投资基金信息披露管理办法》，其中附件 2《私募投资基金信息披露内容与格式指引 1 号》主要规定了信息披露报告的频率、内容、格式和途径等。同时，除基金另有规定外，投资者可以登录中基协指定的私募基金信息披露平台查询相关报告。针对自查报告，中基协也做了相应规定。具体内容如下。

1. 月报

在信息报送方面，私募基金管理人应在每月结束之日起 5 个工作日内，更新所管理的私募证券投资基金相关信息，包括基金规模、单位净值、投资者数量等。

在信息披露报告方面，基金管理人应当在每月结束之日起 5 个工作日内通过中基协指定的私募基金信息披露平台发布月度报告，内容包括基金概况和月末净值统计表。

2. 季报

在信息报送方面，私募基金管理人应在每季度结束之日起 10 个工作日内，更新所管理的私募股权投资基金等非证券类私募基金的相关信息，包括认缴规模、实缴规模、投资者数量、主要投资方向等。

在信息披露报告方面，基金管理人应当在每季度结束之日起10个工作日内通过中基协指定的私募基金信息披露平台发布季度报告，内容包括基金基本情况、基金净值表现、主要财务指标、投资组合情况、基金份额变动情况等。

3. 半年报

在自查报告方面，《证券期货投资者适当性管理办法》第三十条与第三十二条规定，相关经营机构每半年应开展一次适当性自查并完成适当性自查报告，保存期限不得少于20年，并接受中国证监会及其派出机构和自律组织的检查。

4. 年报

在信息报送方面，私募基金管理人应在每年度结束之日起20个工作日内，更新私募基金管理人、股东或合伙人、高级管理人员及其他从业人员、所管理的私募基金等基本信息。

在信息披露报告方面，基金管理人应当在每个会计年度结束后的4个月内通过中基协指定的私募基金信息披露平台发布年度报告，内容包括基金产品概况、主要财务指标、基金净值表现情况、利润分配情况、基金份额变动情况、托管人报告、年度财务报表、期末投资组合情况等。

在自查报告方面，《中国证券投资基金业协会自律检查规则（试行)》规定，中基协依法应对私募基金管理人进行年度自律检查，并鼓励检查对象开展自查并向中基协报送自查结果，汇报本公司的注册、备案信息报送、风险控制、合规管理机制和遵纪守法情况。

### 4.4.2　不定期报告：重大事项报告

中基协于 2019 年发布了《私募投资基金备案须知》，该须知第二十六条规定私募投资基金发生重大事项时，管理人应当在 5 个工作日内向中基协报送相关事项并向投资者披露。重大事项包括：管理人、托管人发生变更的；基金合同发生重大变化的；基金触发巨额赎回的；涉及基金管理业务、基金财产、基金托管业务的重大诉讼、仲裁、财产纠纷的；投资金额占基金净资产 50% 及以上的项目不能正常退出的；对基金持续运行、投资者利益、资产净值产生重大影响的其他事件。

### 4.4.3　内部管理报告

1. 模型验证报告

各策略研究员在策略研发基础上进行回溯测试，形成模型验证报告，提交至策略总负责人，由策略总负责人对模型的风险和收益进行整体把控。报告内容可以包括验证范围、验证所用数据、假设和参数、验证结果、验证方法、策略局限性等，以确保模型验证结果的准确性、合理性和完整性。

2. 交易风险报告

基金管理人一般每日出具交易风险报告，内容包括每日交易收益统计情况、损益分析情况、风险指标情况等，以便及时追踪策略表现，及时调整策略。

3. 损益归因报告

基金管理人一般每日出具损益归因报告，用于监控各因子表现以便及时调整策略。报告内容包括净值和行业分布情况、标的投资情况、组合收益率情况、各类型产品对收益率的贡献程度及各策略中的因子贡献程度等。

4. 风险管理报告

风险管理报告一般由风控合规部门出具，向风险管理委员会报告，以便定期审查和监督政策程序执行情况。报告频率一般为一年至少一次。报告内容可包括近期业务发展情况、合规情况、交易层面的重大风险事件、限额指标执行情况、损益归因整体情况、风险管理方面的整改计划等。

5. 运营管理报告

一般由运营管理部门出具运营管理报告，该报告面向投资者或高级管理层。其中，面向投资者的运营管理报告内容一般包括产品基本情况、近期净值走势、投资组合情况以及基金份额变动情况等。面向高管层的报告除包括上述向投资者披露的内容外，还可包括投资者结构分布、各基金业绩表现、潜在问题概览等内容，以便高管层掌握并监督基金运营情况。

## 4.5 数据与系统

由于量化投资策略的研发和交易执行过程依赖于大量数据并在

系统中完成，因此量化私募基金管理人可定期对数据和系统进行审查，以确保数据的完整性、准确性、及时性、安全性，以及系统的运行效果。

### 4.5.1 数据管理[①]

1. 数据来源

量化投资策略的研发和交易执行过程依赖于大量数据，所以量化投资对数据的质量要求非常高。错误或缺失的数据可能会导致策略设计不合理、回溯测试效果不准确、策略无法执行等问题，进而给投资人和基金管理人带来一定程度的损失。目前国内的量化基金管理人所使用的数据一般来自交易所和各家数据服务商，数据类型根据策略偏好而定，常见的类型包括基本面数据、交易数据、盘后运行数据、分析数据等。

交易所主要提供实时交易行情数据。部分量化基金管理人会在交易所附近设置终端机房，使用光纤与交易所系统直连以便最快获取行情数据。

国内常用的数据服务商包括万得、朝阳永续、通联数据等。各家数据服务商所提供数据的侧重点不同，万得以更全面的国外市场和宏观数据为主，通联数据以国内市场数据为主，因此基金管理人通常会购买多家供应商的数据。

---

① 周佰成，刘毅男. 量化投资策略. 北京：清华大学出版社，2019：56.

## 2. 数据的清洗与预处理

目前，量化基金常见的异常数据包括数据缺失和数据错误等情况。为保证数据的完整性和时效性，数据团队会对接入数据进行校验，并进行相应的自动增补。

对于部分或全部数据缺失的情况，量化基金管理人一般使用前一天数据补齐的方式来解决，如果前一天数据缺失，则取再前一天的数据替代，直至取到为止。缺失原因可能是数据服务商未按时推送数据、数据接口有误等。

对于数据错误的情况，量化基金管理人一般将平滑曲线95％置信区间内的最大涨跌浮动值确定为合理跳变区间，并将当前值与上一推送日的变动值与该合理跳变区间进行对比。若当日变动值超出合理跳变区间，则说明当前推送值有误。管理人一般通过使用前一天数据替代的方式来解决此问题。

除缺失值和异常值处理之外，量化基金管理人也会对数据进行筛选排序、剔除极端值、标准化等预处理操作。

### 4.5.2 相关系统情况

量化基金交易过程涉及的主要系统包括回溯测试系统、模拟系统、交易系统和风控系统。目前大部分量化基金管理人使用自主研发系统以满足各类策略和投资者的需求。与此同时，市场上也有多家厂商提供成熟的量化交易平台，平台功能包括历史数据、编程环境、回溯测试环境、模拟交易环境、交易下单操作等。

典型的数据流向及系统架构如图 4-7 所示。

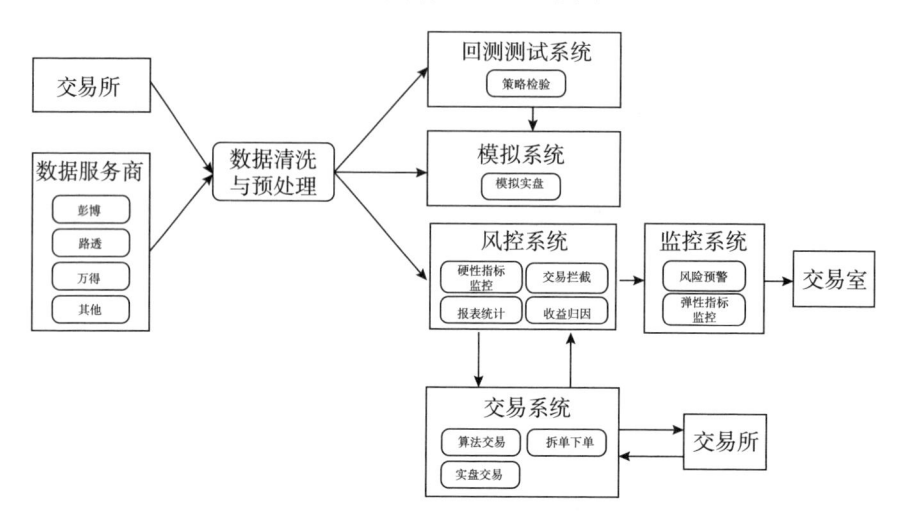

**图 4-7 量化基金典型系统架构图**

（1）回溯测试系统。回溯测试系统的功能为检验新策略在历史情况下的表现，例如收益率等指标是否达到模型预期标准。回溯测试系统一般使用过去 5～10 年的历史数据，加载策略逻辑后，发出买卖信号并模拟产生成交，同时对每一笔交易进行详尽统计，如记录交易次数、盈亏、手续费、最大盈利、最大回撤等分析指标，并根据测试结果调整参数，直至测试通过，最终生成一份完整的测试报告。

（2）模拟系统。投资策略通过回溯测试后，一般会在模拟系统中开展模拟交易（paper trading）。模拟系统的主要功能为使用实时数据在虚拟账户中对策略表现进行追踪，以检验模型收益情况，研发人员根据模拟系统中的测试结果适时调整参数。模拟运行时间根据策略类型而定。一般而言，对于换手率较高的策略，模拟账户运行时间为 2~3 个月；对于换手率较低的策略，模拟运行时间为半年至一年。当投资策略在模拟系统中的运行效果符合预期时，则会进入上线实盘交易阶段。

(3) 交易系统。投资策略通过回溯测试系统和模拟系统的测试后，会在交易系统上线并进行实盘交易。交易系统的主要功能包括算法交易、拆单下单和实盘交易。算法交易是指通过使用计算机程序来确定订单最佳的执行路径、执行时间、执行价格以及执行数量。拆单是指交易系统将各策略指令信息汇总后对交易量进行拆分，并分配至在各券商或交易所设置的账户进行等比公平交易，以避免大单交易对市场价格产生影响。拆单可以通过算法交易进行拆分，以寻找最佳的路由和最有利的执行价格，并降低市场的冲击成本、提高执行效率和增强订单执行的隐蔽性。常见的拆分算法[①]包括 TWAP、VWAP 以及 VP。

1) 时间加权平均价格（time weighted average price，TWAP）算法。TWAP 算法的原理是将目标交易时间区间平均分割，并在每个分割节点上将均匀拆分的订单进行提交。TWAP 算法并不关注交易时的市场状况，仅仅对订单进行简单拆分。一些量化基金管理人会为成交速度添加随机因素，以保护策略意图。TWAP 算法的优缺点十分明显，理论和操作都比较简单，但不考虑市场成

---

① 陈奥林，刘晨轶. 算法交易的历史与现状：算法交易系列一. 国泰君安证券，2021.

交量波动而均匀分配固定的数量不够合理，在订单规模很大的情况下，均匀分配到每个节点上的下单量仍然较大，仍有可能对市场造成一定的冲击。TWAP算法适用于流动性比较好或规模比较小的交易。

2）成交量加权平均价格（volume weighted average price，VWAP）算法。VWAP算法的原理是将交易日平均分为若干时间区间，根据过去若干天交易量在各时间区间的平均分布来预测当日时间区间算法交易量在全天交易量中的占比。基于预测交易占比将交易总量拆分到各时间区间，完成交易。VWAP算法的核心是保持各时间区间内的交易量与同一时间区间内的市场交易总量之比恒定。简而言之，VWAP算法是将大单拆分为小单，历史市场交易活跃时多成交，不活跃时少成交。根据历史数据归纳统计历史成交时间、成交量、价格分布等规则，并将这些规则应用于后续的交易过程，即每时刻发出的委托交易数量基于历史平均成交量而定，与当前市场价格、成交量无关。

3）成交量份额参与（volume participation，VP）算法。VP算法与VWAP算法相似，都为跟踪市场成交量变化，从而制定相应的下单算法。不同点在于：VWAP算法是在确定当日计划成交量的基础上进行拆分，VP算法则是以固定百分比的成交比例进行下单。VP算法适用于规模较大、计划在多个交易日完成的订单交易。当订单较小时，VP算法可能会在交易时间结束之前就完成所有交易，从而造成对市场均价跟踪偏离的风险。

拆单后，交易系统会在各交易所的账户间同时或轮转下达交易指令，再由交易所反馈该指令是否成功执行的信息。通常在下单前，交易信息会经风控系统审批后再进行交易。

（4）风控系统与监控系统。风控系统与监控系统的主要功能包括指标监控（弹性指标和硬性指标）、交易拦截、风险预警、数据统计、归因分析、报表展示等。风控系统会对交易进行实时监控，当超出硬性指标时，风控系统会及时预警通知交易员并拦截交易。

### 4.5.3 系统更新维护

量化交易主要依赖各个系统来执行，所以基金管理人会定期维护系统并进行更新，一般维护频率为每周或每月。同时，管理人可以通过回归测试的方式来确保系统的运行效果。

# 第 5 章/Chapter Five
# 量化基金的政策研究及未来展望

## 5.1 国外量化基金监管政策分析

### 5.1.1 美国

美国学界并未将高频程序化交易视为洪水猛兽，而是根据对其不同的使用效果将高频交易的性质分为三类：一是符合市场公平原则和法律规范要求的高频交易，这类交易行为通过高频率的买入和卖出操作帮助市场增强流动性，符合各市场参与者的利益，同样也是证券监管机构所支持的；二是掠夺式高频交易（predatory high-frequency trading），这类高频交易之所以被称为一种劫掠式的行为，在于高频交易者利用其技术上的优势，通过高频率刷新获取市场信息和比一般投资者更快的数据处理速度，早于其他投资者得到市场数据并据此进行交易，这种交易方式被美国证券监管机关认为是破坏市场公平的行为，是对其他交易者合法利益的侵犯，因而需要受到监管限制；三是利用高频交易操纵市场的行为，包括不以成交为目的进行报撤单的"幌骗"行为和利用巨量数据使得交易所服务器处理速度降低的具有破坏性的"塞单"行为（quote stuffing）。对于"幌骗"行为，如伊士顿案所表现的那样，高频交易者利用自身的技术优势故意向市场发出虚假的购买意向，误导其他市场参与者与其做出相同的交易选择，再在价格上涨后取消此前的买入订单，同时放出更高价格的卖出订单，以此牟取不正当的利益。"塞单"行为则是指交易参与者利用高频交易程序可以在短时间内发出数据规模庞大的买入和卖出信息的技术优势，带来超出交易所服务器的正常承载能力的冲击，并使得交易所的交易处理速度和信息传递速度降低，在这种情况下其他交易参与者获取到的信息可能已经不是市场的实时信息，而高频交易者正是利用这种通过不当手段创造出的信息差优势进行操纵市场的行为。

美国真正开始重视对于量化投资等高频交易方式的监管始于2010年的"闪电崩盘"事件。此后的2012年，骑士资本因算法错误且程序无法停止引发交易所约150只股票的报价错乱。2013年8月，纳斯达克交易所又因为"证券信息处理器"报价传输出现异常而导致整个交易所瘫痪超过3小时。[1] 这些事件的发生都在提醒美国证券

---

[1] 刘春彦，赵雯佳，王乙童. 程序化交易监管的国际经验及中国的制度构建. 证券法律评论，2016（1）.

监管部门要重视程序化交易可能引发的市场风险，并就此制定了一系列专门的监管制度。

(1) 禁止无审核通路。

无审核通路（naked access）将作为非交易所会员的高频交易者的交易系统直接接入交易所的交易系统。高频交易者往往向交易所支付一定费用，以便其交易系统可以直接从交易所服务器中获取信息，而不需要通过全美统一的信息发送系统，这样他们就能够先于其他交易者获得一手的市场信息。因此，在禁止无审核通路后，经纪商不允许在没有任何审查的情况下，将向交易所发布指令的席位和高速链路通道租给交易者以提高交易速度。这一措施要求交易指令在进入交易所之前必须经过经纪商的风控系统，以过滤错误或不适当的指令，相当于为交易指令的提交设置了一道过滤机制。

(2) 设置针对特定对象的熔断机制。

美国早在1989年就设立了全市场熔断机制，设立这一机制的目的是为投资者提供一段消化整体下跌行情的"冷静期"，以便投资者在获得更多关于下跌的信息后能在保持相对冷静的状态下做出后续的交易选择，避免市场因普遍的恐慌情绪产生的抛售压力而使得股价进一步发生大幅度的波动。起初，熔断机制设置了三档交易暂停线，即当道琼斯指数下跌10%、20%、30%时，分别暂停交易1小时、2小时和提前收市。2012年，SEC认为在2010年的"闪电崩盘"事件中市场最大跌幅达到了9.2%但仍未触发熔断，这一机制在当时并未对维持市场秩序发挥任何作用，因此决定降低这三档熔断标准，并重新设置了7%、13%、20%的三档熔断阈值。除全市场熔断机制外，2012年5月SEC批准了美国金融业监管局（FINRA）提交的一份提案，该提案批准了针对某家特定公司的"断路开关"（kill switch）机制，即一只股票的涨跌达到一定幅度超过15秒，则该股票将被停止交易5分钟，以使该股票在恢复交易后可以走向正常的价格区间，同时也使包括幌骗在内的价格诱导行为不能再像此前那样向市场不断发出偏离正常价格的错误信号，压缩了市场操纵行为的空间，进一步完善了美国的股票熔断机制。

（3）建立综合审计跟踪系统（consolidated audit trail system，CATS）和市场信息数据分析系统（market information data analytic system，MIDAS），用于对各交易市场的程序化交易合并监测，加强对订单的管理。

CATS要求包括交易所在内的证券业自律组织设计一套可以捕捉所有交易从订单生成到执行或取消的完整记录的系统，使得SEC能够获得分析高频交易所必需的数据。而MIDAS全面收集美国10多个交易所的股票交易数据，将每笔股票交易的报单、撤单、执行信息、交易信息时间精确到微秒，从而判断其中是否存在高频交易投资者利用掠夺式高频交易与操纵市场价格行为获取不公平交易利益。[①]

（4）为高频交易者分配识别代码，并对大额交易商进行登记，

---

[①] 陈植. 量化投资监管大幕开启. 微信公众号"Commodity Trading Advisors"，2021-11-06.

向各交易商分配对应的识别代码，以帮助监管机构获取针对特定主体的监控报告。

2010年4月，SEC提议为从事巨量交易的交易者（high volume trader）分配识别代码（marker participant identifiers，MPID）[①]；在交易发生后的次日，经纪商需要将交易记录上报SEC，以便分析与调查是否存在操纵市场的行为。这一制度的设立相当于将高频交易行为实名化，并为监管机构提供了有针对性的数据支持，同时股票经纪商也因此承担起监控高频交易行为的职责。

（5）交易所向市场提供同质化的主机托管服务。

在高频交易过程中，交易商为了获取更大的交易速度优势，经常会选择将其主机放置在距离交易所主机更近的地理位置，而这一优势往往是毫秒级别的。类似于无审核通路，取得这一优势相应需要承担更高的经济成本，大型交易商相对于普通投资者显然有更加雄厚的财力与更高的技术水平得到这一优势，而这恰好破坏了公平交易的条件，与证券法的基本原则相违背。因此，在2010年6月，美国商品期货交易委员会（CFTC）发布了针对交易商主机托管服务的监管提案，规范了相关的收费和服务标准，且以芝加哥商业交易所（CME）为代表的交易所也开始向市场提供同质化的主机托管服务以保证交易的公平性，进一步从外部设施条件上减少高频程序化交易者所拥有的不正当优势。

---

① 郭朋. 国外高频交易的发展现状及启示. 证券市场导报，2012（7）.

(6) 实施证券错误交易撤销制度。

根据纽约证券交易所相关交易规则[①]的规定，在错单发生后的 30 分钟内，纽交所可以应交易所会员或会员组织的申请对某些可能存在明显错误的交易进行审查，若审查通过，交易所可以取消已经发生的交易或是宣告某些明显错误的交易无效。纽交所的错误交易处置程序要求交易所在收到审查请求后尽快通知交易双方，若交易双方都认可交易结果，则审查无须继续进行。在纽交所的错误交易撤销审查中，交易所执行官需要判断交易是否属于明显错误，并且应当从维护公平有序的市场环境以及保护投资者和公共利益的角度出发。[②]

(7) 禁止无成交意向的报单。

所谓无成交意向的报单，是指承担做市义务的做市商以过高或过低的价格对股票进行报价，以在市场流动性不足时履行其做市义务。这种无成交意向的报单一般情况下不太可能成交。但在市场价格波动幅度较大的情况下，有些不合理的订单竟然成交了。因此在 2010 年 8 月，SEC 批准了 FINRA 提出的新规定，对这种无成交意向的订单予以禁止，要求做市商的报价必须在"全国最佳买卖价"(national best bid and offer，NBBO) 的一定比例幅度之内，而这一最佳买卖价是实时更新并向投资者公开的。[③]

---

[①] Rule 128, Clearly Erroneous Executions for NYSE Equities.

[②] 吴伟央. 证券错误交易撤销制度的比较分析：法理、标准和程序. 证券法苑，2012 (2).

[③] 邢会强. 证券期货市场高频交易的法律监管框架研究. 中国法学，2016 (5).

### 5.1.2 欧盟

在欧洲国家中，德国在 2013 年就针对高频交易行为颁布了《高频交易法》。该法明确了高频交易者的主体义务与业务执行规则，强化了德国金融监管机构的监管权力，并且明确界定了利用高频交易操纵市场等不当行为。

德国《高频交易法》对于高频交易者的监管首先体现在其要求高频交易行为人在进行高频交易之前需在德国金融服务监管局完成注册登记，并得到金融服务监管局对其从事高频交易的许可。同时，《高频交易法》要求开展高频交易业务的股票交易公司、投资公司应当确保其交易系统能够承受高频操作带来的运算压力，并且具有能有效避免错单及系统瘫痪问题的技术能力；高频交易行为人需要针对系统瘫痪问题制定紧急预案，确保自有交易系统获得完整测试和有序监控。

《高频交易法》赋予了德国金融监管机构对高频交易行为的监管权力，金融监管机构可以要求交易者提供程序化交易信息、交易使用的系统以及交易的策略和参数，同时还可以要求高频交易行为人提供其程序化交易的算法以及所采用系统的相关信息，例如交易策略、交易参数以及交易上限等资料。

《高频交易法》对利用高频交易操纵市场的行为进行了明确的界定，即通过输入或取消大额订单影响市场其他参与者，放慢交易过程，实现操纵市场的目的；通过输入系列订单，诱导其他市场参与者进入围绕某个交易目标的交易中。对于借助程序化交易的行为人，

第 5 章 量化基金的政策研究及未来展望 | 195

一旦其买入或卖出的订单被认为是错误的或存在错误导向，都会被监管机构认定为市场操纵者。①

在德国颁布《高频交易法》后，欧盟于 2014 年对《欧盟金融工具市场指令》(MiFID)②进行修订，并于 2018 年开始正式实施《欧盟金融工具市场指令 II》（MiFID II）和《欧洲委员会授权规则》(Commission Delegated Regulation)，且由欧洲证券及市场管理局 (European Securities and Markets Authority，ESMA) 作为主管机关对实施细节方面的问题进行监管，取代了此前的欧盟证券监管委员会（Committee European Securities Regulators，CESR）。ESMA 是欧盟在 2008 年金融危机后设立的一个专门负责欧盟所有成员国证券交易的独立监管机构，并对包括欧洲议会在内的欧盟机构负责，ESMA 的设立是为了防范影响金融市场秩序稳定的潜在危险，并在危急情况下采取紧急措施③，同时促进各成员国证券主管机关的监管政策保持相对一致。④

MiFID II 首先明确了高频程序化交易的定义，其具有三个主要特征：(1) 使用降低网络延迟和其他类型交易迟延的基础设施；

---

① 樊纪伟，王垚. 高频交易的域外规范与监管及借鉴. 证券法律评论，2018 (1).
② 2004 年 4 月，欧洲议会和欧盟理事会颁布了欧洲金融工具市场 2009/39/EC 号指令，即 Markers in Financial Instruments Directive，简称 MiFID。MiFID 对欧盟成员国内的投资公司、证券交易市场等提出了一系列持续监管措施。2018 年正式实施的 MiFID II 实际上是对 MiFID 的一次修订。
③ 蔡天啸. 我国高频交易的监管改进：来自欧美的经验启示. 上海：华东政法大学，2019.
④ 欧洲证券及市场管理局 (ESMA) [2022 - 03 - 26]. https：//www.esma.europa.eu/about-esma/esma-in-brief.

（2）在没有人工干预的情况下由系统自动完成产生、提交和执行订单；（3）具备较高的日内信息频率（high message intraday rate）标准，同时对这一标准进行定量明确，即在同一交易所平均每秒至少提交4笔与各类金融工具交易相关的信息，或者每秒提交2笔单一金融工具交易相关信息。①

MiFID Ⅱ对各类利用算法进行交易的交易商提出了监管要求，包括为高频交易行为人设定报告义务以及对使用高频交易的投资公司在内部系统和控制方面提出了一些强制性要求。② MiFID Ⅱ要求算法交易商向其主管监管机构报告交易策略、交易算法、关键合规方案及风险控制措施，同时交易所会员在为高频算法交易商接入市场时应进行更严格的检查。此外，MiFID Ⅱ还要求高频交易行为人必须保存所有的交易记录，包括成交订单和取消订单的记录，监管机构有权调取上述交易记录。

在内部系统控制方面，MiFID Ⅱ对交易商的要求包括：（1）投资公司的交易系统必须能够确保安全，即有足够的能力防止发送错误命令；（2）该交易系统不能违反市场条例和其他交易条例；（3）该系统能够处理投资公司的系统错误；（4）使用高频交易的投资公司需要向其所在国主管部门及参与交易活动的交易所报告本公司从事算法交易的人员；（5）参与高频交易的公司需要按要求以时

---

① 张启明. 欧洲算法交易和高频交易监管现状：解析德国高频交易综合法案. 中国期货，2015（5）.

② 樊纪伟，王垚. 高频交易的域外规范与监管及借鉴. 证券法律评论，2018（1）.

间顺序整理全部订单，包括执行的订单和取消的订单；（6）禁止投资公司为其客户提供不受系统控制的电子直连。

除了对交易商提出各项要求外，MiFID Ⅱ 也强化了交易所对高频交易的监管责任，包括：（1）交易所必须保证交易者的技术和知识水平达到法律要求的水平；（2）交易系统必须通过测试以防止无序的交易；（3）交易所的数据处理能力必须能承受极大规模的交易量；（4）交易所需充分保护其系统免被误用或未经授权的访问，并确保数据的完整性。

从 MiFID 到 MiFID Ⅱ 的进步表明了欧洲对于高频交易的监管从原先的"泛金融主体"监管转向了有针对性的监管。相较于 MiFID 主要针对金融行业的合规，MiFID Ⅱ 扩大了监管的范围，并以加强投资者保护、降低无序市场的风险、降低系统风险、提高金融市场效率和降低参与者不必要的成本为目标。MiFID Ⅱ 努力构建一个更公平、更安全和效率更高的市场，并为所有的市场参与者提供更高的透明度。

## 5.2　中国量化基金相关政策分析

### 5.2.1　程序化交易政策分析

采用量化投资方式的基金分为量化公募基金和量化私募基金。量化公募基金应适用关于公募基金的各类法律法规和监管政策要求，而量化私募基金应适用关于私募基金的各类法律法规和监管政策要求。目前，无论是公募基金还是私募基金，中国均已形成较为完善的法律法规和监管规则体系，但没有专门针对量化基金的法律法规。结合欧美等国的经验，并没有对量化基金进行专门立法的必要，更多是针对"量化投资"进行立法监管。目前，我国法律法规体系未使用"量化投资"的定义，而是对"程序化交易"进行了规范，并散见于各类法律法规中。如前文分析，程序化交易本身与量化交易存在一定的不同。目前，量化投资基本应用了程序化交易的方式。关于程序化交易的主要法律法规如下所示。

1. 《中国金融期货交易所期货异常交易监控指引（试行）》

2010年10月，为规范期货交易行为，保护期货交易当事人的合法权益，维护市场正常秩序，中国金融期货交易所（简称中金所）颁布了《中国金融期货交易所期货异常交易监控指引（试行）》（简称《异常交易监控指引》），其中将"通过计算机程序自动批量下单、快速下单影响交易所系统安全或者正常交易秩序"的行为认定为异常交易行为。从时间上看，这也是我国最早将程序化交易、高频交易行为纳入监管范围的法规。同时，《异常交易监控指引》也为高频程序化交易的合法性提供了可能，即在不影响交易所系统安全和正常交易秩序的情况下，程序化交易被允许使用。《异常交易监控指引》要求会员密切关注其客户的交易行为，积极防范可能出现的异常交易；同时，会员还需履行在发现异常交易时向中金所及时报告的义务。《异常交易监控指引》将交易所会员对客户异常交易行为的监控责任与其自身的会员分类评价分值相挂钩。在会员单位未履行或未完全履行监控职责时，交易所可以对其采取监管措施或纪律处分，同时向中国证监会提交对其的自律监管建议函。

2.《私募投资基金监督管理暂行办法》

作为私募投资基金领域非常重要的一部基础性监管法规，2014年颁布的《私募投资基金监督管理暂行办法》的宗旨就是"保护投资者及相关当事人的合法权益，促进私募投资基金行业健康发展"。量化私募基金作为私募投资基金的重要组成部分，对其的监管工作自然需要贯彻这一行政法规的意志，同样也为后续中基协和交易所制定配套规则提供了部分规则基础。《私募投资基金监督管理暂行办法》第二十三条明确列举了包括私募基金管理人在内的私募基金从业人员及主体的禁止性行为，其中包括不得从事内幕交易、操纵交易价格等不正当交易活动，这样的规定也间接指向了采用程序化手段的量化私募基金可能存在的类似于"幌骗"的不正当交易行为。

3.《中华人民共和国证券投资基金法》

与前述《私募投资基金监督管理暂行办法》类似，2015年修正的《中华人民共和国证券投资基金法》对以公开或非公开方式募集的证券投资基金进行了基础性的规制，其立法宗旨包括维护证券投资基金市场的正常交易秩序，通过对基金管理人、基金托管人设定义务以及对证券投资基金的运作方式提出限制，保障整体市场的健康发展。该法虽未专门对程序化交易做出有针对性的规定，但是量化公募基金同样会因其基本属性落入该法的调整范围。后续若出台针对量化公募基金的专项规则，也会以该法作为重要的立法基础和依据。

4.《中华人民共和国证券法》（2019 年修订）

2019 年修订的《中华人民共和国证券法》（简称《证券法》）的第四十五条将程序化交易不得影响证券交易所系统安全或正常交易秩序的规定正式纳入国家法律，并在第一百九十条对采取程序化交易影响证券交易所系统安全或正常交易秩序的行为设置了相应的罚则。但我们需要认识到的是，《证券法》中关于程序化交易实际上并没有实质监管意义的内容，更多的是为证监会后续出台针对程序化交易的监管细则提供法律层面的基础。参考欧美等发达资本主义国家以及 2015 年证监会颁布的《证券期货市场程序化交易管理办法（征求意见稿）》，程序化交易是一种具有极强技术性的工程，对于程序化交易的监管更多地需要从专业的计算机系统技术切入。

另外，从罚则设置来看，对于因使用程序化交易影响交易所系统安全或正常交易秩序的，处以五十万元以上五百万元以下的罚款。高频程序化交易因具有非常高的技术门槛与高昂的设备成本，普通散户投资者基本没有能力仅凭自身力量参与其中，量化投资的市场参与者绝大多数是资金雄厚、技术水平高超的机构投资者。对于动辄掌控百亿元规模的头部机构而言，其能够运作的资金规模可能对市场价格水平造成的影响不容小觑，但上限仅为五百万元的处罚既无法弥补不当的程序化交易行为给市场造成的损失，同时对大机构的威慑力与惩罚效果又非常有限，这也使得《证券法》的规范效果受到影响。

对于程序化交易的监管工作，修订后的《证券法》将对程序化交易的控制写进国家法律并设置了罚则。虽然宣示意义有可能大于实际的监管效果，但是这一立法行为也表明后续出台专门的规则以监管程序化交易已被提上日程，具有明确的立法引导作用。

5.《中华人民共和国刑法修正案（十一）》

除了证券领域的法律法规对程序化交易加以监管外，我国于2020年通过的《中华人民共和国刑法修正案（十一）》通过对操纵证券、期货市场罪构成要件内容的调整，将不以成交为目的，频繁或者大量申报买入、卖出证券、期货合约并撤销申报的行为认定为操纵证券、期货市场罪的实行行为。这一改动也能够有效约束采用高频策略的量化基金违法从事"幌骗"等人为操纵市场价格的行为，强调对"类幌骗行为"更强力的约束，显著提高了非法程序化交易行为的违法成本。

6.《关于规范金融机构资产管理业务的指导意见》

2018年4月，中国人民银行、中国银保监会、中国证监会、国家外汇管理局等四部门发布了《关于规范金融机构资产管理业务的指导意见》（简称《资管新规》），其中第二十三条要求：运用人工智能技术开展投资顾问业务应当取得投资顾问资质，非金融机构不得借助智能投资顾问超范围经营或者变相开展资产管理业务。

金融机构运用人工智能技术开展资产管理业务应当严格遵守本

意见有关投资者适当性、投资范围、信息披露、风险隔离等一般性规定，不得借助人工智能业务夸大宣传资产管理产品或者误导投资者。金融机构应当向金融监督管理部门报备人工智能模型的主要参数以及资产配置的主要逻辑，为投资者单独设立智能管理账户，充分提示人工智能算法的固有缺陷和使用风险，明晰交易流程，强化留痕管理，严格监控智能管理账户的交易头寸、风险限额、交易种类、价格权限等。金融机构因违法违规或者管理不当造成投资者损失的，应当依法承担损害赔偿责任。

金融机构应当根据不同产品投资策略研发对应的人工智能算法或者程序化交易，避免算法同质化加剧投资行为的顺周期性，并针对由此可能引发的市场波动风险制定应对预案。因算法同质化、编程设计错误、对数据利用深度不够等人工智能算法模型缺陷或者系统异常，导致羊群效应、影响金融市场稳定运行的，金融机构应当及时采取人工干预措施，强制调整或者终止人工智能业务。

针对使用人工智能技术开展资管业务的金融机构，《资管新规》对报备义务做出规范，规定其需要针对算法同质化可能引发的市场波动风险制定应对预案。

7.《上海证券交易所股票期权试点交易规则》

2015年，上海证券交易所发布《上海证券交易所股票期权试点交易规则》，其中第二十四条规定："期权经营机构自行使用或者向其客户提供可以通过计算机程序实现自动下单或者快速下单等功能的交易软件的，应当在使用或者提供相关软件的5个交易日前向本所备案。投资者使用可以通过计算机程序实现自动下单或者快速下单等功能的交易软件的，应当在使用相关软件的 5 个交易日前告知期权经营机构，并由期权经营机构向本所备案。"与前述《异常交易监控指引》类似，这一规定同样将在交易所拥有交易单元的经纪商等交易所会员作为主要的监管责任主体，对使用程序化投资方式的投资者及期权经营机构设定了备案义务，开始对程序化交易的个体行为展开监控。

8.《证券期货市场程序化交易管理办法（征求意见稿）》

2015 年 10 月，中国证监会颁布了《证券期货市场程序化交易管理办法（征求意见稿）》（简称《征求意见稿》）。《征求意见稿》的出台背景为 2015 年的股灾，当时量化投资在我国刚刚兴起，管理部门认为股灾的发生与量化交易的发展之间存在一定程度的联系，因此尝试出台专门规则对此加以约束。《征求意见稿》对程序化交易做出了十分详尽的约束，其确立了申报核查管理制度，明确了接入管理要求，确立了指令审核制度，对程序化交易实施差异化收费，严格规范境外服务器的使用，并且规定了监察执法的相关内容。

9.《关于股票期权程序化交易管理的通知》

2019 年 12 月，深圳证券交易所发布了《关于股票期权程序化交易管理的通知》，该通知要求期权经营机构应当建立程序化交易接入管理制度，对客户进行程序化交易实行严格的接入和认证管理；对客户使用自有、第三方提供或者期权经营机构提供的交易软件或者接口进行程序化交易的申请，进行审核、测试及认证，为符合条件的客户开通程序化交易权限,并与客户签署程序化交易业务协议,明确各自的权利、义务;严格落实程序化交易的报备要求;要求程序化交易应当基于真实交易需求。

10.《证券交易所管理办法》

2021年10月,中国证监会对《证券交易所管理办法》进行调整,其中增加了第四十八条关于程序化交易不得影响证券交易所系统安全或正常交易秩序的内容,并要求证券交易所制定业务规则,对程序化交易进行监管。在此之后,上交所和深交所分别发布了《关于可转换公司债券程序化交易报告工作有关事项的通知》,对可转债领域的程序化交易同样确立了交易信息报告制度。

11.《关于上线"量化私募基金运行报表"的通知》

2021年11月,中基协发布了《关于上线"量化私募基金运行报表"的通知》,要求各基金管理人按月向中基协报送管理人基本信息、境外关联方和子公司信息,以及量化基金的策略、日均股票投资情况、期货及衍生品交易以及账户最高申报速率等信息。

12.《关于开展证券公司量化交易数据信息报送工作的通知》

2021年11月4日,中国证券业协会向各券商下发《关于开展证券公司量化交易数据信息报送工作的通知》,对证券公司量化交易数据报送工作提出了要求,包括:量化交易数据信息包括证券公司自营和资产管理业务,如公司未开展自营或资产管理业务,或者自营或资管业务尚未开展过量化交易,请在填报中予以说明,后续如开展相关业务,请按时填报;量化交易数据信息按月度报送,请于次月前3个交易日内通过协会数据报送系统填报。

13.《中华人民共和国期货和衍生品法》

2022年4月，全国人民代表大会常务委员会颁布了《中华人民共和国期货和衍生品法》，其中对程序化交易行为在第二十一条进行了规定：通过计算机程序自动生成或者下达交易指令进行程序化交易的，应当符合国务院期货监督管理机构的规定，并向期货交易场所报告，不得影响期货交易场所系统安全或者正常交易秩序。同时，该法第一百二十九条对程序化交易影响交易所系统安全或正常交易秩序的行为设置了罚则，责令相关行为人对违法程序化交易行为进行改正，并处以五十万元以上五百万元以下的罚款；对直接负责的主管人员和其他直接责任人员给予警告，并处以十万元以上一百万元以下的罚款。该法于2022年8月生效，这也是期货及衍生品交易领域首次针对不当的程序化交易行为设置具体的罚则，处罚标准也与2019年修订的《证券法》保持一致，体现了对于《证券法》监管精神的贯彻落实。

14. 小结

2021年9月，证监会主席易会满在出席2021年第60届世界交易所联合会（WFE）会员大会暨年会时，谈到了针对量化交易等新型交易方式的监管问题。他提道："在成熟市场，量化交易、高频交易比较普遍，在增强市场流动性、提升定价效率的同时，也容易引发交易趋同、波动加剧、有违市场公平等问题。最近几年，中国市场的量化交易发展较快。交易所对入市资金结构和新型交易工具怎么看？希望大家做些思考。"时至今日，我国对于程序化交易的行为监管已经初步建立起以证监会为核心，以上交所、深交所为监管主力，以涉及程序化交易的证券、期货公司为第一道关卡的多层次交易行为监控体系，不断地充实证券、期货行业行政法规和部门规章的内容，以及完善交易所业务规则和实施细则，使得对程序化交易，尤其是高频程序化交易的监管标准与措施日益明确。同时，《刑法》以及最高人民法院关于证券、期货操纵市场罪的司法解释也将通过规避监管措施实施的程序化交易纳入操纵证券市场罪的范围内，强化了非法程序化交易的法律责任。综合分析目前我国现行有效的各项法律法规和交易所规则，我国对于程序化交易的监管体系以交易数据的监测和信息报送为重点，通过各层级法律法规的要求，尽可能实现程序化交易数据及策略的公开透明。但是，目前依然有很多规范停留在较为宏观的指导意见层面，并未对相关问题的监管做出更加细致的规定，这也就使得目前对于程序化交易的特定问题，监管部门或交易所还拿不出更加行之有效的措施，这些监管层面的留白仍需等待相关部门对问题做进一步调研之后再出台更加明确的实施细则。

### 5.2.2 量化私募基金的报送义务分析

2021年11月1日，中基协上线"量化私募基金运行报表"月度报表。管理人必须于2021年11月15日前（含）完成首期报送任务，之后于每月结束之日起5个工作日内（含）完成报送任务。不报送或者逾期报送达两次以上的管理人，将会在中基协官网被公示为信息报送异常机构，并视情况进一步采取自律措施。

"量化私募基金运行报表"主要涉及两方面内容：一是管理人基本信息表，主要包括管理人名称、管理人编码、管理基金数量及规模，是否存在境外关联方或子公司，境外关联方和子公司管理基金总资产与净资产，以及境外关联方和子公司投资境内股票交易服务商名称等内容；二是量化基金统计表，主要包括基金名称、基金编码、中国证券登记结算公司一码通账户、期货保证金监控中心账户、量化主策略及辅策略、基金规模、基金总资产、基金单位累计净值、当期净值最大回撤、期货及衍生品交易保证金、融资融券余额、巨额赎回等内容。

此外，2021年11月4日，中国证券业协会发布《关于开展证券公司量化交易数据信息报送工作的通知》，要求证券公司在次月前3个交易日内，按月度报送量化交易数据信息，包括证券公司自营和资产管理业务。如果公司尚未开展自营或资产管理业务，或者自营或资产管理业务尚未开展过量化交易，也需要在信息填报时进行说明。后续如果开展相关业务，需要按时填报。

### 5.2.3　量化基金税收政策分析

对于量化基金，我们将根据不同当事人，即针对基金、管理人和投资人三类主体，按照不同税种（包括所得税、增值税、印花税）简要分析相关的税收政策。

1. 量化基金涉及的税收政策分析

（1）所得税税收政策分析。

根据《中华人民共和国企业所得税法》（以下简称《企业所得税法》）第一条及第二条，在中华人民共和国境内，企业和其他取得收入的组织（以下统称企业）为企业所得税的纳税人，依照本法的规定缴纳企业所得税。个人独资企业、合伙企业不适用本法。企业分为居民企业和非居民企业。

另外，根据《中华人民共和国企业所得税法实施条例》，依法在中国境内成立的居民企业应包括依照中国法律、行政法规在中国境内成立的企业、事业单位、社会团体以及其他取得收入的组织。

由于契约型证券投资基金是基于一定的信托契约原理组织起来的代理投资行为，与公司型基金不同，契约型基金本身并不具备公司企业或法人的身份，不符合上述《企业所得税法》中提及的组织类型，因此，从《企业所得税法》的角度，契约型基金不属于《企业所得税法》规定的企业所得税纳税人。

但需要注意的是，新旧企业所得税法框架下一些法规行文中并未直接将契约型基金视为非企业所得税纳税人，而是暗示了契约型基金企业所得税纳税人主体身份，并在此基础上给予了额外的企业所得税免除政策。

例如，在旧企业所得税法的框架下，对于基于信托契约原理组建的信托项目，财税〔2006〕5号文中所述信托项目的所得税政策为："对信托项目收益在取得当年向资产支持证券的机构投资者（以下简称机构投资者）分配的部分，在信托环节暂不征收企业所得税；在取得当年未向机构投资者分配的部分，在信托环节由受托机构按企业所得税的政策规定申报缴纳企业所得税；对在信托环节已经完税的信托项目收益，再分配给机构投资者时，对机构投资者按现行有关取得税后收益的企业所得税政策规定处理。"

又如，在2008年起实施的新企业所得税法的框架下，财税〔2008〕1号文对于证券投资基金的企业所得税政策明确为："对证券投资基金从证券市场中取得的收入，包括买卖股票、债券的差价收入，股权的股息、红利收入，债券的利息收入及其他收入，暂不征收企业所得税。"文件中对于契约型证券投资基金也暗示了其企业所得税纳税人主体身份，但对其实施暂不征收企业所得税的政策。

综上，虽然契约型基金不应属于《企业所得税法》中规定的企业所得税纳税人，但一些单行法规却暗示契约型基金拥有企业所得税纳税人主体身份。因此在理论层面，契约型基金是否应被视为企业所得税纳税人主体身份存在矛盾。

但我们也注意到全国人民代表大会官方网站对于《中华人民共和国证券投资基金法》第一章"总则"第八条（"基金财产投资的相关税收，由基金份额持有人承担，基金管理人或者其他扣缴义务人按照国家有关税收征收的规定代扣代缴。"）的释义认为："投资基金是一种集合投资方式，在基金投资方式中，投资者是基金的出资人，运作者是基金管理人与托管人，基金本质上仅为一笔信托财产，基金本身不是经营主体，从而基金自身不应视为纳税主体。"① 因此，根据释义，契约型基金不应属于企业所得税法的纳税主体。

就目前的实务操作来看，对作为资管产品的契约型量化基金不征收企业所得税。

(2) 增值税税收政策分析。

由于量化基金属于资管产品的一种，根据财税〔2016〕140号文、财税〔2017〕2号文以及财税〔2017〕56号文的规定，2017年7月1日（含）以后，资管产品运营过程中发生的增值税应税行为，以资管产品管理人为增值税纳税人，按照3%的征收率缴纳增值税。而非保本投资取得的股息、红利所得则不涉及增值税的缴纳。具体税收政策请参见下文有关基金管理人增值税税收政策的详细阐述。

(3) 印花税税收政策分析。

根据2022年7月1日起施行的《中华人民共和国印花税法》（以下简称《印花税法》）的相关规定，进行证券交易的单位和个人为印花税纳税人。证券交易是指转让在依法设立的证券交易所、国务院批准的其他全国性证券交易场所交易的股票和以股票为基础的存托凭证。证券交易印花税对证券交易的出让方征收，不对受让方征收。

证券交易印花税适用税率为成交金额的1‰，证券交易无转让价格的，按照办理过户登记手续时该证券前一个交易日的收盘价计算

---

① 中华人民共和国证券投资基金法释义. [2014-01-06]. http://www.npc.gov.cn/npc/c22994/201401/a90b43bf5fdb4f9089c4cc1251eb1e38.shtml.

确定计税依据；无收盘价的，按照证券面值计算确定计税依据。因此，量化基金转让上市公司股票需要按 1‰ 的税率缴纳印花税。除转让上市公司的股票外，量化基金也可能存在其他交易，其他相关交易应遵循《印花税法》中的相关规定缴纳印花税。

2. 基金管理人涉及的税收政策分析

基金管理人对基金进行投资管理，谋求所管理的基金资产不断增值并使基金持有人获取尽可能多的收益，由此获得基金管理费、咨询费、业绩报酬等收入。一些基金管理人也会直接以自有资金对外投资获得投资收益（以下简称"直投收益"）。对于直投收益，基金管理人的税务处理与其他投资人并无不同，按照收入性质及基金管理人的组织形式缴纳增值税及所得税。

实际操作中，基金管理人的收入来源相对多样化，关于其收入性质的判定及税费缴纳在税法中可能并未有明确的规定，易产生多种理解。因此，基金管理人在实际的业务操作过程中需要与所属税务机关进行充分沟通，确认收入性质并依法纳税。

（1）企业所得税税收政策分析。

1）公司制实体基金管理人。在基金的运营过程中，基金管理人取得的收入主要包括管理费收入、咨询费收入及业绩报酬等，一些基金管理人还可能取得直投收益，其所得税处理如下：

● 无论是公募还是私募基金管理人取得的管理费收入及咨询费收入、业绩报酬等，均应作为公司的企业所得税应税收入按照 25% 的税率缴纳企业所得税。

● 直投收益一般应作为公司的企业所得税应税收入按照25%的税率缴纳企业所得税，除非是取得符合一定条件可享受企业所得税减免政策的股息红利、公募基金分红、国债利息等收入。

2) 合伙企业制实体基金管理人。根据财税〔2000〕91号文以及财税〔2008〕159号文的规定，合伙企业应根据先分后税原则，将合伙企业的生产经营所得分配至合伙人层面，根据合伙人类型的不同，分别按照个人所得税或企业所得税的规定缴纳相应所得税。

因此，合伙制基金管理人层面本身不征收所得税，而由管理人的合伙人按照先分后税的原则各自缴纳所得税。其中，个人合伙人从基金管理人取得的管理人对外投资分回的利息或者股息、红利，应单独作为个人取得的利息、股息、红利所得按20%的税率纳税；其他收入则需按照经营所得税目按5%~35%超额累进税率计征个人所得税。公司制合伙人则同前述公司制实体基金管理人的企业所得税分析一致。

(2) 个人所得税代扣代缴政策分析。

根据财税字〔1998〕55号文，对于封闭式证券投资基金，对投资者从基金分配中获得的股票的股息、红利收入以及企业债券的利息收入，由上市公司和发行债券的企业在向基金派发股息、红利、利息时代扣代缴20%的个人所得税，基金向个人投资者分配股息、红利、利息时，不再代扣代缴个人所得税。

另外，根据财税〔2002〕128号文，对于开放式证券投资基金，对基金取得的股票的股息、红利收入，债券的利息收入，储蓄存款利息收入,由上市公司、发行债券的企业和银行在向基金支付上述收入时代扣代缴20%的个人所得税;对投资者(包括个人和机构投资者)从基金分配中取得的收入,暂不征收个人所得税和企业所得税。

因此,在实际操作中,量化基金取得由上市公司和发行债券的企业向基金派发的股息、红利、利息收入,为已由对应登记结算公司(例如中证登)代扣代缴20%个人所得税后的金额。对于基金的个人投资者而言,其取得上述收益的个人所得税在基金取得环节由上市公司或发行债券企业代扣代缴。

但目前量化基金也存在机构投资人。对于机构投资人而言,其取得上述收益也一并被代扣代缴了20%的个人所得税,且扣缴个人所得税的税后收益仍要并入其公司的应纳税所得额计算缴纳25%的企业所得税,因此上述代扣代缴政策可能会导致机构投资人实际上承担个人所得税的情形,机构投资人会承受较高的所得税税负。

(3)增值税税收政策分析。

1)管理费收入。根据财税〔2016〕36号文附件1第一条规定,在中华人民共和国境内(以下称境内)销售服务、无形资产或者不动产(以下称应税行为)的单位和个人,为增值税纳税人。同时,税目注释中有关金融服务中直接收费金融服务以及商务辅助服务中企业管理及鉴证咨询服务的注释如下:

- 直接收费金融服务,是指为货币资金融通及其他金融业务提供相关服务并且收取费用的业务活动。包括提供货币兑换、账户管理、电子银行、信用卡、信用证、财务担保、资产管理、信托管理、基金管理、金融交易场所（平台）管理、资金结算、资金清算、金融支付等服务。

- 企业管理服务，是指提供总部管理、投资与资产管理、市场管理、物业管理、日常综合管理等服务的业务活动。
- 咨询服务，是指提供信息、建议、策划、顾问等服务的活动。包括金融、软件、技术、财务、税收、法律、内部管理、业务运作、流程管理、健康等方面的咨询。

基金管理人取得的上述管理费收入及咨询服务收入，在基金管理人为增值税一般纳税人时，应按照6%的税率适用一般计税方法计算缴纳增值税。

2）业绩报酬。基于中基协发布的《证券投资基金会计核算业务指引》（中基协发〔2012〕9号）以及近期财政部发布的《关于印发〈资产管理产品相关会计处理规定〉的通知》（财会〔2022〕14号），量化基金设置负债类科目"应付管理人报酬"科目核算量化基金应付基金管理人的报酬，包括管理费、业绩报酬等。相关会计分录见表5-1。

表5-1 会计分录

| 计提管理人报酬时的会计分录 | 实际支付时的会计分录 |
| --- | --- |
| 借：管理人报酬<br>　　贷：应付管理人报酬 | 借：应付管理人报酬<br>　　贷：银行存款（等） |

量化基金管理人应收取的业绩报酬与管理费一并作为管理人报酬，作为量化基金的负债核算，基于上述会计处理，量化基金管理

人取得的业绩报酬通常被认定为提供服务收取的管理费性质的收入。因此，量化基金管理人取得的业绩报酬收入应根据上文所述提供服务相关增值税的规定，在基金管理人为增值税一般纳税人时按照6%的税率适用一般计税方法计算缴纳增值税。

3）直投收益。基金管理人取得直投收益与其他投资人并无不同，请参考后续章节中对于基金投资人相关的税务处理介绍。

4）量化基金运营收入。根据财税〔2016〕140号文第四条的规定，资管产品运营过程中发生的增值税应税行为，以资管产品管理人为增值税纳税人。同时，根据财税〔2017〕2号文的补充规定，2017年7月1日（含）以后，资管产品运营过程中发生的增值税应税行为，以资管产品管理人为增值税纳税人，按照现行规定缴纳增值税。对资管产品在2017年7月1日前运营过程中发生的增值税应税行为，未缴纳增值税的，不再缴纳；已缴纳增值税的，已纳税额从资管产品管理人以后月份的增值税应纳税额中抵减。此外，财税〔2017〕56号文进一步规定，资管产品管理人运营资管产品过程中发生的增值税应税行为，暂适用简易计税方法，按照3%的征收率缴纳增值税。

对于量化基金运营资管产品取得的收入，主要增值税应税情形包括以下三类：持有期间取得的保本收益、取得金融商品转让的差价收入以及少数其他类涉及实物交割的交易（如对于从事商品期货交易的量化基金，其商品期货实物交割环节的增值税[①]）。其中，金

---

[①] 由于通常量化基金对于商品期货的投资不涉及商品期货的实物交割，因此此处不再就实物交割环节的增值税进一步展开讨论。

融商品转让的价差收入与持有期间收入的增值税影响及基本计算方法可参考表 5-2。

**表 5-2 量化基金运营收入**

| 金融商品转让的价差收入 | 持有期间收入 ||
|---|---|---|
| | 保本收益 | 非保本收益 |
| 虽然财税〔2016〕36 号文规定证券投资基金管理人运用基金买卖股票、债券免征增值税\*，但实践中有观点认为该免税政策仅适用于公募证券投资基金，而不适用于私募证券投资基金。<br>金融商品转让，按照卖出价扣除买入价后的余额为销售额，适用 3% 的税率计算缴纳增值税。<br>转让金融商品出现的正负差，按盈亏相抵后的余额为销售额。若相抵后出现负差，可结转下一纳税期与下期转让金融商品销售额相抵，但年末仍出现负差的，不得转入下一个会计年度（例如，纳税人在 2016 年 1—4 月份转让金融商品出现的负差，可结转至下一纳税期，与 2016 年 5—12 月份转让金融商品销售额相抵）。<br>金融商品的买入价，可以选择按照加权平均法或者移动加权平均法进行核算，选择后 36 个月内不得变更。 | 取得的利息收入按照"贷款服务" 3% 的税率适用简易计税方法计算缴纳增值税；投资于国债、地方政府债取得的利息收入，属于增值税免税项目。 | 持有期间（含到期）取得的非保本的上述收益，不属于利息或利息性质的收入，不缴纳增值税。 |

\* 目前，按照税法规定，除买卖股票、债券免征增值税以外，买卖其他金融商品暂无免税规定，未来可能会出台相关政策进行明确。

需要注意的是，量化基金在取得转让价差收入时，应首先明确转让行为是否属于"金融商品转让"。

财税〔2016〕36 号文附件 1 中关于"金融商品转让"的定义为：金融商品转让是指转让外汇、有价证券、非货物期货和其他金融商品所有权的业务活动。其他金融商品转让包括基金、信托、理财产品等各类资产管理产品和各种金融衍生品的转让。

量化基金的投资标的种类较多，根据其投资标的种类通常可以分为标准化产品和非标准化产品。对于常见的量化基金可能投资的场内标准化资管产品投资取得收入的增值税处理，可参考附录二中的相关内容。对于其他场外的非标准化投资，每家量化基金会有不同的投资策略，具体涉及非标准化投资的税务分析需要根据每家量化基金的不同投资标的分别做出判断。

另外，我国出台了关于几种特殊情况下资管产品的增值税应税销售额计算方式的规定，可参考附录三中的相关内容。

（4）印花税税收政策分析。

证券交易印花税适用税率为成交金额的1‰，证券交易无转让价格的，按照办理过户登记手续时该证券前一个交易日的收盘价计算确定计税依据；无收盘价的，按照证券面值计算确定计税依据。证券交易印花税对证券交易的出让方征收，不对受让方征收。基金管理人其他印花税涉税事项应遵循《印花税法》相关规定缴纳印花税。

3. 投资人涉及的税收政策分析

基金投资人作为提供资金来源的群体，其从基金获得的收益主要包括基金向其分配的持有期间收益（包括利息、股息、红利性质等的收益）、转让基金份额时获得的资本利得以及赎回基金份额取得的投资收益。此过程涉及的增值税及所得税的税务处理与基金投资人的组织形式均有关联。具体如表5-3所示。

表 5-3  投资人涉税政策

| 收入类型 | 税种 | 公司制出资人 | 自然人出资人 | 合伙制出资人 |
|---|---|---|---|---|
| 持有期间收益 | 增值税 | 非保本投资：不征；保本投资：6%（小规模纳税人为3%或1%） | | |
| | 所得税 | 25% | 20%或5%~35%（视具体收入性质而定） | 合伙企业层面不征收所得税，由各合伙人按照先分后税原则各自缴纳所得税 |
| 转让基金份额资本利得 | 增值税 | 6%（小规模纳税人为3%或1%） | 不征 | 6%（小规模纳税人为3%或1%） |
| | 所得税 | 25% | 20% | 合伙企业层面不征收所得税，由各合伙人按照先分后税原则各自缴纳所得税 |
| 赎回基金份额收益 | 投资人可以通过赎回基金份额的方式从基金退出，相关税务处理与转让份额基本一致。但需要注意的是，关于赎回基金份额是否应按金融商品转让缴纳增值税，目前税法尚未明确规定，不同地区的税务机关可能采取不同的执行口径。 | | | |

（1）所得税。

1）企业所得税。当投资人为公司制实体时，根据财税〔2008〕1号文的规定，对投资者从证券投资基金分配中取得的收入，暂不征收企业所得税。但是，实践中有观点认为该免税政策仅适用于公募证券投资基金，而不适用于私募证券投资基金。因此，投资者从量化私募基金分配中取得的收入，需计入其收入总额，依法征收企业所得税。

2）个人所得税。当投资人为个人投资者时，其对于封闭式证券投资基金的投资，根据财税字〔1998〕55号文第三条的规定：

对投资者从基金分配中获得的股票的股息、红利收入以及企业债券的利息收入，由上市公司和发行债券的企业在向基金派发股息、红利、利息时代扣代缴 20% 的个人所得税，基金向个人投资者分配股息、红利、利息时，不再代扣代缴个人所得税。

对投资者从基金分配中获得的国债利息、储蓄存款利息以及买卖股票价差收入，在国债利息收入、个人储蓄存款利息收入以及个人买卖股票差价收入未恢复征收所得税时，暂不征收所得税。

对个人投资者从基金分配中获得的企业债券差价收入，应按税法规定对个人投资者征收个人所得税，税款由基金在分配时依法代扣代缴；对企业投资者从基金分配中获得的债券差价收入，暂不征收企业所得税。

其对于开放式证券投资基金的投资，根据财税〔2002〕128 号文第二条第三点规定（根据《财政部、税务总局关于继续有效的个人所得税优惠政策目录的公告》（财政部、国家税务总局公告 2018 年第 177 号），该文关于个人所得税的优惠政策继续有效），对基金取得的股票的股息、红利收入，债券的利息收入、储蓄存款的利息收入，由上市公司、发行债券的企业和银行在向基金支付上述收入时代扣代缴 20% 的个人所得税；对个人投资者从基金分配中取得的收入，暂不征收个人所得税。

另外，对于公募证券投资基金取得的股息红利，根据财税〔2012〕85 号文、财税〔2019〕78 号文以及财税〔2015〕101 号文的规定，可适用股息红利差别化待遇（见表 5-4）。

表 5-4 股息红利差别化待遇

| 公司类型 | 股权类型 | 应纳税所得额 | 税率 | 适用期间 |
|---|---|---|---|---|
| 上市公司 | 非限售股 | 持股期小于（含）1个月：股息红利全额的100% | 20% | 股权登记日在2015年9月8日之后 |
| | | 持股期大于1个月小于（含）1年：股息红利的50% | | |
| | | 持股期超过1年：暂免征收 | | |
| | 限售股 | 解禁前取得的股息红利：50% | | |
| | | 解禁后取得的股息红利：同非限售股 | | |
| 新三板公司 | 不区分限售股与非限售股 | 持股期小于（含）1个月：股息红利全额的100% | 20% | 股权登记日在2019年7月1日至2024年6月30日之间 |
| | | 持股期大于1个月小于（含）1年：股息红利的50% | | |
| | | 转让非原始股取得的所得，暂免征收个人所得税。 | | |
| | | 持股期大于1年：暂免征收 | | |
| 其他公众公司及有限公司 | 股权、股份 | 无优惠 | 20% | 持续适用 |

根据财税字〔1998〕55号文和财税〔2002〕128号文，个人投资者买卖封闭式及开放式证券投资基金单位取得的差价收入，在对个人买卖股票的差价收入未恢复征收个人所得税时，暂不征收个人所得税。但是，实践中有观点认为这两项免税政策仅适用于个人投资者投资公募证券投资基金，而不适用于私募证券投资基金。因此，个人投资者买卖私募量化基金的差价收入，个人应当按照20%的税

率自行申报缴纳个人所得税。

当投资人为合伙企业时，根据财税〔2000〕91号文以及财税〔2008〕159号文的规定，合伙企业从量化基金分配及转让中取得的所得作为合伙企业的生产经营所得，根据先分后税原则，分配至投资人层面，根据投资人类型的不同，分别按照个人所得税或企业所得税的规定缴纳相应所得税。

（2）增值税。

对于增值税相关税收政策，此处根据不同收益具体分析。

1）基金分红收益。根据财税〔2016〕140号文件规定，金融商品持有期间（含到期）取得的非保本收益，不属于利息或者利息性质的收入，不征收增值税。

实际应用中，鉴于基金都不承诺保本，基金分红不征收增值税。但是理论上，如果量化基金的合约中有保本条款，那么投资人取得的基金分红需要适用"贷款服务"6%的税率按照一般计税方法缴纳增值税（增值税小规模纳税人适用3%的征收率，按照简易计税方法计算缴纳增值税）。

2）基金份额转让收益。如果公司制或合伙企业制投资人转让金融商品（包括债券、股票、外汇、非货物期货、金融衍生产品，以及基金、信托、理财产品等各类资产管理产品），增值税一般纳税人取得的转让价差收入按照金融商品转让适用6%的税率缴纳增值税（增值税小规模纳税人适用3%的征收率，按照简易计税方法计算缴纳增值税）。个人投资人则根据财税〔2016〕36号文规定，其从事金融商品转让业务可免征增值税。

3）基金份额赎回收益。由于封闭式证券投资基金具有明确的到期日，因此封闭式基金份额赎回收益按照财税〔2016〕140号文的相关规定，属于持有至到期取得的收益，如封闭式基金投资不承诺全额收回本金，则基金份额赎回收益不缴纳增值税；若承诺全额收回本金，则基金份额赎回收益需要适用"贷款服务"6%的税率按照一般计税方法缴纳增值税（增值税小规模纳税人适用3%的征收率，按照简易计税方法计算缴纳增值税）。

由于开放式基金并没有明确的赎回期限，对于开放式证券投资基金的赎回收益是否属于财税〔2016〕140号文中规定的持有至到期取得的收益以及是否需要缴纳增值税目前并无明确的税法规定，未来可能会出台相应的税收法规对该问题进行明确。但是在实务中，通过赎回基金份额的方式从基金退出，其税务处理与转让份额获取退出收益的税务处理基本一致。另外，鉴于税法尚未明确规定，不同地区的税务机关可能持有不同的观点，是一个极容易产生税收争议的事项。

（3）印花税税收政策分析。

根据财税〔2004〕173号文，买卖基金单位暂不征收印花税。因此，投资人投资量化基金时不涉及印花税。

4. 完善量化基金税务处理的建议

考虑到上面分析中量化基金各个主体的税务处理，以及目前量化基金税收方面面临的主要问题，我们认为量化基金的税务政策仍

## 第5章 量化基金的政策研究及未来展望

然有待完善,建议从以下几个方面对量化基金税收政策进行完善。

第一,建议明确量化基金不是企业所得税纳税人。根据前文中对于量化基金企业所得税主体身份的介绍,目前企业所得税法与其框架下一些单行法规中关于契约型基金是否属于企业所得税主体的表述不一致,建议有关部门出台相关法规明确量化基金不属于企业所得税纳税人。

第二,建议对资管产品增值税不够明确且争议较大的事项逐步予以明确,并赋予证券投资基金金融机构的属性。由于证券投资基金是否为金融机构的属性将决定其运营资管产品的收益是否适用现行增值税法律法规中的金融同业往来免税等优惠政策,且各个地区税务机关对于证券投资基金是否为金融机构存在不同的解读,因此不同地区的证券投资基金运营资管产品所承担的税负不尽相同,存在较大争议。我们建议赋予证券投资基金金融机构的属性,明确并统一其运营资管产品的增值税处理。

第三,建议对个人所得税的征管做出制度性安排,取消现行对于上市公司和发行债券的企业在向证券投资基金支付股息或债券利息时代扣代缴个人所得税的要求,而是将基金分红作为"股息、红利所得"项目、将转让价差作为"财产转让"项目,统一指定基金管理人作为扣缴义务人,在基金向个人投资者分配时进行代扣代缴。目前,量化基金投资人的主体形式及投资结构逐渐多元化,存在需要区分投资人主体形式并采用不同税务处理的需求。因此,相较于由无法获取基金投资人信息的上市公司和发行债券的企业作为个人所得税的代扣代缴义务人，建立制度明确基金取得不同性质收益的税务处理，并由了解基金投资人信息的管理人进行个人所得税的代扣代缴，更符合现阶段量化基金的交易情景。因此，我们建议对个人所得税征管环节进行优化，通过对个人所得税征管制度性安排的更新优化量化基金的税收征管。

第四，建议明确税收优惠政策对于公募、私募证券投资基金的适用范围。一方面，封闭式及开放式证券投资基金相关优惠政策出台时间较早，业界主要采用公募证券投资基金的形式进行投资，因此目前实践中主流观点认为相关税收优惠政策仅覆盖公募证券投资基金，而不适用于私募证券投资基金。但从另一方面来看，在上市公司向证券投资基金分红时又要求不区分公募与私募都需要扣缴，这种对优惠和义务相对立的解读不尽合理。随着证券投资基金行业的发展，公募与私募证券投资基金的投资形式与投资领域趋于相同。考虑到目前业界的投资方式，并从税收的公平性角度出发，我们认为应对公募、私募证券投资基金实施一致的税收政策，对税收优惠政策的适用范围予以明确。

## 5.3 基于国际监管经验的本土化建议

综合欧美国家对于量化交易的监管政策，我们不难发现其监管重心放在高频程序化交易行为的监控和规范上。目前，我国对于量化交易监管尚未出台一部系统性的专门法规，当前的立法模式主要体现为在证券期货交易所的业务规则中对量化交易做出提示性规定，而在类似于《证券法》这样由全国人民代表大会常务委员会颁布的具有国家法律性质的文件中，也只是提到了对于影响正常交易秩序的违法程序化交易的处罚。总体而言，我国当前对于量化交易的监管仍处于摸索阶段，监管部门已经意识到对量化交易实施监管的必要性，但是并没有出台更加具有实际操作性的监管细则。因此，对于后续健全我国量化投资交易的监管制度规则，可以尝试从欧美国家相对成熟的监管实践中总结出有益经验，并结合我国市场的具体情况对其进行本土化改造，以使我国的量化交易能够在相对完备的制度框架下运行。

### 5.3.1　聚焦于高频程序化交易的监管

金融证券领域监管规则的制定需要兼顾公平与效率，在保持市场活力的前提下，最大限度地维护市场的正常交易秩序是建立相关规则的宗旨。从目前欧美各国以及我国的市场运行的实际经验来看，量化交易中的高频程序化交易因其过高的交易频率，以及在各机构交易模型呈现的趋同性特征的影响下，往往会过度放大部分市场信号，这也是量化交易影响市场正常交易秩序而被诟病的主要原因，是市场参与者、监管者对于量化交易的主要直观印象。因此，在明确了量化交易不仅有高频率的程序化交易模式，而且存在仅通过数量化模型进行特定数据分析的低频量化分析模式的前提下，我国对于量化交易的监管重心还是应当放在高频交易监管工作上。

量化交易体现着信息网络技术对于金融证券市场的影响，推动着投资模式的创新与变革，在一定程度上体现了新兴时代的积极力量，因此对于量化投资的监管不可不加区分地"一刀切"。投资人员的市场分析工作的低频量化并不会对市场的正常秩序造成重大不利影响，相反因其存在一定的技术门槛可以使得专业机构投资者拥有更强的市场分析能力，有助于优化我国证券市场的投资者结构，是我们应当加以鼓励的现象，而只有部分高频交易才会造成破坏市场交易秩序事件的发生。无论是美国 SEC 和各交易所的配套规则，还是德国的《高频交易法》以及欧盟 MiFID Ⅱ 的监管规则，其主要针对的无一不是高频程序化交易。因此，在考虑建立我国的量化交易监管规则之前，首先要明确我们应当关注量化交易中高频交易的部分，而不可对各类型的量化交易一概而论。

### 5.3.2　进一步健全量化交易信息报送机制

对于一个运行有序、发展成熟的证券交易市场，信息披露制度始终是最为重要的市场机制之一。目前，我国主要是针对股票或其他证券发行人有信息披露要求，要求其依据相关规则主动披露可能影响投资者权利的信息。而对于量化交易而言，市场投资者对市场秩序的影响往往大于证券发行人，因此同样需要建立一套针对高频量化交易者的信息披露与报送制度。

参考美国的综合审计跟踪系统与市场信息数据分析系统，以及为高频交易者分配识别代码的举措，将高频交易者的真实身份置于监管机关的掌握之下可以有效识别违法从事高频交易的投资者主体身份，同时也可以使得从事高频交易的投资者因忌惮行政力量的监管执法而主动规范自身行为。德国的《高频交易法》同样要求高频交易行为人在进行高频交易之前须在德国联邦金融监管局完成注册登记，也有助于使市场中的高频交易行为在"显名"的状态下进行。

就我国而言，可以设立规则要求证券交易所在每个交易日结束之后的一定时间内，识别该交易日内交易次数达到特定标准的证券账户，确定高频量化投资者账户的大致范围，并将对该账户进行管控的信息第一时间向账户所有人及相关交易商进行通报，以起到提醒和警示作用。

### 5.3.3 强化证券交易商与交易所的监管责任

对于高频交易的监管，作为市场直接参与者的证券交易商和交易所相对而言更加容易对不当交易行为施加影响。一直以来，中国证监会及其各派出机构作为证券行政执法机构，承担对于证券违法行为的监督执法工作，而交易所以及各交易商作为市场主体并无直接的行政权力。在难以改变权力配置现状的情况下，我们可以通过要求证券交易所及交易商针对高频量化交易承担更多监控责任，使得整体的监管更加直接和高效。

关于具体措施，我们可以参考类似于美国无审核通路以及撤销无意向报单的规则，在交易所运行机制中加入限制违法违规程序化交易不利影响的内容，避免出现部分不法市场参与者通过高频技术手段实施的价格"幌骗"等操纵市场的行为。具体而言，证券交易所应当向各市场参与者提供同质化的交易系统接入服务，通过技术手段控制各接入口在交易系统运行中的网络延迟，使得交易系统对不同主体的交易指令的处理保持在一个相近的水平上。考虑到"光大乌龙指事件"的情况，对于并非出于主观意愿而是由量化交易程序运行故障所导致的影响市场价格水平的交易行为，我国同样可以参考美国引入错单撤销制度。在当事人给出明确的证据证明此前的交易行为非主观意愿，且在交易所对交易结果进行分析认定之后，出于保护市场中多数投资者利益的考虑，经交易各方协商同意，可以对明显错误的交易予以撤销。除了交易机制方面，我国目前现有的对于程序化交易的各项管理规定大多为交易所设定了高频交易信息的报送义务，而交易所又可以将部分报送责任交给证券交易商，使得交易所和交易商共同组成高频量化交易监管的"前沿阵地"。

总而言之，对于量化投资监管制度的构建，首先应当明确哪些交易行为属于应当监管的对象，在法规中从技术角度对高频程序化交易进行更加明确的定义，划定更加合理的监管范围。同时，参考证券市场信息披露机制的运行原理，将高频交易者设定为交易信息披露对象，采用高频交易信息日常报送的形式，以证券交易商及交易所为直接监管主体，利用限制交易等市场机制先行控制不当的高频交易行为；对于确已破坏市场正常交易秩序的行为，利用行政执法以及司法力量追究其责任。

## 5.3.4 构建"规范引导"的多层次协调的标准体系

我国量化基金行业尚处于萌芽期，相关法规不够完善，行业协会的作用仍需进一步强化。从我国法律发展、制度产生的历史进程来看，我国的监管体制更适合采用自上而下的方式推行新制度与新政策。在此背景下，要实现量化基金的健康发展，需要借助立法机关、监管机关、行业协会等力量，促进基金公司优化内部结构，并有针对性地编制量化基金业务操作标准手册。

1. 充分调研行业情况，科学制定法律法规

法律总是滞后于实践，在量化基金领域亦是如此。我国量化基金势必迎来发展的黄金时代，提前进行立法布局能够为行业创建健康的环境，帮投资者建立稳定的预期。

在"光大乌龙指事件"中，由于系统出现问题，投资者利益严重受损。造成此次事件的原因是执行该笔交易的策略投资部门系统未被纳入公司的风险控制系统之中，公司内部的多级风控体系形同虚设。

虽然近来国内量化基金行业规模迅速扩大，但再也没有发生过类似于"光大乌龙指事件"的严重影响市场的交易行为。考虑到量化基金的批量交易特征，一旦发生错误，可能会比传统基金损失更惨重。在此种情形下，管理人事前对量化基金交易的风险控制以及事后对问题的应急预案就显得尤为重要。

目前，《资管新规》已就风险预案做出原则性规定。然而，《资

管新规》仍存在下述两方面的问题。

第一，文件的效力层级较低。《资管新规》属于部门规范性文件而非部门规章，其更多具有引领风向的作用，强制力较弱。如果希望企业切实履行风险控制义务，需要将此项义务纳入《证券法》或其他法律文件之中。

第二，尚需就企业不履行风险控制义务、不制定应急预案的行为规定相应的法律后果。仅规定法律义务而不规定法律后果，是"没有牙齿的老虎"，起不到应有的约束作用。立法机关或可采用侵权法中的过错原则，即如果企业履行了风险控制义务，并制定了应急预案，则认为其不存在过错，对已经产生的损失不承担赔偿责任；反之，如果企业未履行风险控制义务，或者未制定相关应急预案，并且其未履行义务的行为与损失之间存在因果关系，则企业应当就相关损失承担赔偿责任。

2. 引入"沙盒监管"模式，以避免算法共振

在"2021中国国际金融科技论坛"上，中国人民银行科技司副司长李兴锋指出，算法黑箱、算法共振等问题都给智慧金融健康发展带来了严峻挑战，应对不当可能影响金融稳定和安全，如何保障算法的安全应用已成为数字时代的世界性难题。

算法共振，又称算法趋同，是指在同一应用领域内，不同算法相互渗透、交叉演化，继而实现类似功能或输出类似结果的趋势。[1]

---

[1] 王怀勇. 金融科技的算法风险及其法律规制. 政法论丛，2021（1）.

算法共振具有许多负面影响，其中最典型的就是加剧金融市场的双向波动，破坏金融市场的正常秩序。

算法备案是算法共振问题的解决方案之一。监管机关可以根据备案信息中的量化策略合理控制采用相同量化策略的基金数量，以避免算法共振。但同一类型的量化策略也涉及很多不同细节，而且量化策略的更新变化很快。

此外，如何设定具体的规则控制采用相同量化策略的基金数量还需考虑要公正、透明。

另一种成本更高但更加行之有效的解决方案则是引入"沙盒监管"模式。所谓沙盒监管，是指为可能具有诸多风险的金融创新所提供的安全的测试环境和监管试验区。[①] 监管机关或可借鉴针对无人驾驶汽车出台的试点措施，为量化基金企业提供测试平台，并设立相应的测试周期，鼓励企业在将新兴技术投入使用前开展深度测试，以防范潜在风险。此种解决方案属于柔性监管，可以作为传统监管措施的补充。

但是考虑到行业策略迭代非常快，可以规定一定的期限作为试运行期。其间只鼓励不强制，待运行一段时间后再正式实施。

此外，考虑到测试环境的完备性，建议与行业各领先机构充分沟通，在试运行期间充分借鉴行业领先机构在测试环境设置方面的经验。

---

① 苏宇. 数字代币监管的模式、架构与机制. 东方法学，2021 (3).

3. 建立规范化数据库

量化基金的核心是算法,而算法又以数据作为基础。因此,数据的数量与质量直接影响算法的结果。

欧盟计划推出《高价值数据集实施法案》(Implementing Regulation on High-Value Datasets),以开放关键公共行业参考数据集,帮助实现创新。目前,我国已经出台了《中华人民共和国个人信息保护法》《中华人民共和国数据安全法》《中华人民共和国网络安全法》三大数据保护法,然而,对于数据流动性仍然存在支持不足的问题。

建立统一的数据库目前可能并不现实。数据库的建立,一则需要耗费较多的资金、人力与物力,二则需要持续不断的监管以确保安全。作为替代方案,出台一些数据库标准化细则或许更为适宜。监管机关可以要求相关互联网企业、金融企业就公共数据提供多协议支持,并开放可互操作的 API 接口,以促进数据的流动性,为量化基金市场提供范围更广、质量更优的数据来源。

4. 完善算法备案制度

算法可谓是当代量化交易的核心。所谓算法,是指告诉计算机应该做什么的一系列指令。[①] 事实上,根据透明度可以将算法分为透明算法与黑箱算法。所谓透明算法,是指计算基础、计算过程与计算结果均透明的算法;所谓黑箱算法,是指计算基础、计算过程与

---

① 多明戈斯. 终极算法:机器学习和人工智能如何重塑世界. 北京:中信出版集团,2017:96.

计算结果完全或部分不透明的算法。①

仅就量化基金市场而言,黑箱算法具有诸多负面影响,譬如侵犯投资者的知情权、加剧普通合伙人与有限合伙人之间的信息不对称、无法识别利益冲突、因信息茧房导致决策失误等。不过,完全的透明算法也会导致算法共振、信息过载、算法操纵等问题。

就算法是否需要公开这一问题,学界存在较大争议。我们认为,算法部分透明是更为理想的状态,因为算法完全透明成本过高且不现实,而算法完全不透明则对投资者不利。

实现算法透明的最常见方式是实现算法公开。具体到量化基金领域,基金通常以公开披露方式实现其算法部分透明化。然而,在什么平台披露?向谁披露?需要披露哪些内容?具体需要披露到何种程度?如何平衡算法透明与行业发展之间的关系?这些都是信息披露制度下所需探讨与解决的问题。

目前,"量化私募基金运行报表"的推出可谓是算法披露的替代方案。换言之,企业无须公开披露其算法,仅须向中基协披露其所要求的算法内容,由中基协针对相关算法进行一定的核查,以避免算法风险。然而,此替代方案仍然存在以下两方面的问题。

第一,披露的算法内容较为简略与狭窄。目前企业需要披露的内容主要是抽象的量化策略,而并未披露更为具体的计算基础与计算过程。后续可逐步拓宽披露范围。

---

① 陈醇. 私法制度中的代数算法黑箱及其应对. 法学评论, 2022 (1).

第二，亟须完善相关负责人员的保密义务及泄密后的追责制度。对于量化基金企业而言，算法就是企业的命脉。要想更好地保障投资者的利益，同时促进量化基金行业的发展，备案人员需要尽到保密义务，对企业备案行为予以正反馈。同时，应当出台配套法律，明确备案人员泄密之责任，以防止企业算法泄露所造成的不利后果。

虽然我国总体采用备案方式代替算法公开披露，但是某些与算法相关的信息仍需予以披露，以保障投资者的知情权。

在具体披露内容方面，其或可作为基金文件的可选择性条款，而非采取"一刀切"的强制性规定模式。在量化基金领域，中基协及其他相关自律组织可考虑发布信息披露方面的最佳实践，以供投资人参考。

我们认为，企业至少需要披露算法风险以及算法的重大变化这两项内容，以弱化信息不对称的不利影响。

## 5.4　量化基金发展展望

自2018年以来，量化基金发展迅速，量化机构和从业者数量增加，尤其以量化私募基金为主。根据中信证券的估计数据，截至2021年底，量化私募基金规模预计达到1.5万亿元，约占整体行业规模的24.8%。规模迅速扩张的同时，行业本身也在更新迭代。一批批更优秀的管理人，一套套更先进的算法，共同将这个行业的发展一次次推向新的高峰。

尽管在过去几年，整个行业不可避免地经历了一个新兴行业发展初期的混乱，但随着立法和监管的不断完善，行业整体将有望逐步摆脱早期的混乱状况，向规范化、科学化前进，成为我国特色金融体系一个重要的组成部分。量化基金的竞争将逐渐从单一的产品业绩维度发展为公司化运作和管理能力维度的竞争。量化基金管理人能否成功的标准将体现在多重维度，包括公司治理、投研规划与组织、投资者教育与服务、合规风控、社会责任等。

## 5.4.1 优质管理人以品牌效应引领优化行业竞争格局

随着量化行业的发展，不同阶段涌现出了占据头部优势地位的量化管理人，从早期的"南北两巨头"到后期的"四大天王""四大金刚"等，每年都有凭借其出色的业绩以黑马之姿突出重围的优质管理人，不仅得到了整个行业的关注，也吸引着投资者的大力支持，并在短期内迅速实现量化基金规模的扩张。机构规模越来越大，增长速度越来越快，不仅证明市场对量化投资的迅速接纳，也让更加年轻、优秀的人才聚集到这个行业，而新人才的涌入、新技术的诞生势必又将带来新的有生力量，整个行业将不断在新生代力量的推动下蓬勃发展，呈现出一派生机勃勃的景象。

那些曾经在早期竞争中占据优势、建立起规模的量化管理人，逐步摆脱无序扩张的混乱状态，进入科学有序的增长阶段，促进量化基金的竞争逐渐从单一的产品业绩维度发展为公司化运作和管理能力维度的竞争。这样，国内部分发展较早、成立时间较长的百亿元级私募基金摆脱了一般管理人的募资—发行的简单模式，开始将更多精力放在产品设计、本土化人才孵化上，打造了"量化科技公司"的品牌定位。这一批老牌头部机构将在一定程度上初步建立起头部的行业格局，并肩负更多引领行业发展的责任，而头部之下的竞争将会更加激烈，推动行业整体有序发展。

### 5.4.2 产品类型不断丰富，行业赛道细化，形成专业化分工

受限于金融工具的使用、金融衍生品工具的缺乏，我国量化基金行业的整体发展相比成熟的国际市场而言呈现出品种单一的特点，而这一特征有望随着后续金融市场的有序开放、衍生品工具的不断丰富得到优化。

国内量化投资一般默认以2010年沪深300指数的发行为起点，以对标指数的指数增强策略为主。后续随着2015年以后各类股指期货合约的推出，相应的指数对冲型产品逐步推出。其间伴随着大宗交易品种的不断推出与量化CTA策略的不断发展。自2022年以来，随着中证1 000股指期货及期权衍生品工具的出现，量化策略又被推向新的高潮。

总体而言，量化产品类型的发展与国内指数工具、对冲工具的发展密切相关。因此，随着后续国内市场的不断开放、金融衍生品工具的不断丰富，量化管理人将有望获得更大的策略发展空间，推出更加丰富的产品线。

随着金融工具的不断丰富、产品类型的不断发展，头部量化机

构凭借其早发展、早积累的优势，有望实现更加全面的产品布局。而竞争激烈的腰部、尾部量化机构，以及不断涌现的新生代量化机构，将有可能进一步聚焦单一策略，获取单一赛道上的绝对优势，最终形成整个行业的专业化分工。

同时，与量化管理人同处于一个产业链条的上下游企业，如服务器厂商、算法策略提供商、基金销售公司、第三方平台类企业等，也将随着行业的发展更加专业化、更具针对性，最终形成闭合的生态链。

### 5.4.3 量化投资策略不断提升，量化行业门槛不断升高

行业的快速发展带来了激烈的竞争，而在激烈的竞争格局下，不仅仅要求产品种类更加丰富，最关键的是要求策略技术不断发展。最具有代表性的是股票策略中人工智能模型的引入。

在国内股票量化发展的早期，整个市场交易环境相对友好，个人投资者参与度较高，主观投资理念盛行。量化策略主要利用简单线性模型对市场进行判断，已经足够获取较高的超额收益。后续随着量化行业参与者的增加，量化管理人本身硬件设施、软件设备的升级，整个市场交易环境开始呈现较强的竞争性，机构投资者的比重不断增加。部分传统线性模型下的因子开始因为过度使用而失效，各家管理人由于线性模型的使用而出现策略一致性过强的问题。

为解决这一问题，部分优秀的量化管理人开始寻求新的策略模型。目前已被证明具有良好效果的是人工智能模型，即非线性模型

的使用。非线性模型从 2017 年开始逐步被部分量化管理人大规模使用；相较于传统线性模型，其更能够捕捉交易市场上更隐蔽的非直接相关关系，从而从更深层面指导股票的买卖。当然，随着非线性模型的使用，其本身固有的过拟合问题、黑箱问题又成为新的待解之谜。我们相信，围绕非线性策略的种种问题将随着算法的不断发展和人才的不断进步，像之前线性策略的失效问题一样，逐渐在发展中得到解决，而整个行业也将在不断解决问题的过程中持续自我优化。

### 5.4.4　加强投资者教育与保护，推动行业健康发展

量化机构虽然带有强烈的技术标签和属性，但是本质上属于资产管理公司，因此任何创新都应该在监管规则允许的框架下开展，应该自始至终将保护投资者的利益放在首位。

量化机构在发展自身的同时，也应当在推动行业健康发展、量化生态的完善中肩负使命。一方面为财富管理市场增加更多元化的资产配置选择，带动数据信息类和软硬件技术类公司的发展，一定程度上降低大众投资量化产品、运用量化数据和工具的专业门槛；另一方面应更广泛地做好投资者教育，普及与量化相关的方法论、投资理念等，主动与监管机构、行业组织互动，促进行业的健康发展。

附录一/Appendix One

# 我国关于程序化交易的法律法规、司法解释及交易所业务规则汇总

| 序号 | 发布时间 | 发布主体 | 法律法规 | 主要内容 |
|---|---|---|---|---|
| 1 | 2010年10月 | 中金所 | 《中国金融期货交易所期货异常交易监控指引(试行)》 | 将通过程序化交易影响交易所系统安全或者正常交易秩序的行为,认定为异常交易行为 |
| 2 | 2015年1月 | 上交所 | 《上海证券交易所股票期权试点交易规则》 | 要求证券期权经营机构需就其客户使用程序化交易的情况向交易所进行报备 |
| 3 | 2015年10月 | 中国证监会 | 《证券期货市场程序化交易管理办法(征求意见稿)》 | 系统性地规定了程序化交易的信息报送、交易监管、系统安全保障等各方面的措施 |
| 4 | 2018年4月 | 中国人民银行、银保监会、证监会、国家外汇管理局 | 《关于规范金融机构资产管理业务的指导意见》 | 金融机构应当根据不同产品投资策略研发对应的人工智能算法或者程序化交易,避免算法同质化加剧投资行为的顺周期性,并针对由此可能引发的市场波动风险制定应对预案 |

续表

| 序号 | 发布时间 | 发布主体 | 法律法规 | 主要内容 |
| --- | --- | --- | --- | --- |
| 5 | 2019年1月 | 中国证监会 | 《证券公司交易信息系统外部接入管理暂行规定（征求意见稿）》 | 要求证券公司建立全流程管理机制，对信息系统外部接入提出持续规范要求 |
| 6 | 2019年11月 | 上交所 | 《上海证券交易所会员管理规则》（2019年修订） | 要求交易所会员应加强对交易信息系统外部接入和程序化交易行为的管理，并按要求对相关信息进行报备 |
| 7 | 2019年12月 | 全国人民代表大会常务委员会 | 《中华人民共和国证券法》（2019年修订） | 将对程序化交易影响交易所安全或交易秩序的监管纳入国家法律 |
| 8 | 2019年12月 | 深交所 | 《关于股票期权程序化交易管理的通知》 | 要求期权经营机构建立系统接入、信息报送、交易审核等多方面的监管措施 |
| 9 | 2020年9月 | 最高人民法院 | 《最高人民法院发布7件人民法院依法惩处证券、期货犯罪典型案例》 | 确立了认定以规避交易所监管措施的手段从事高频程序化交易，获取非法的交易速度优势影响交易价格或成交量的行为，符合操纵证券、期货市场罪的构成要件的司法原则 |
| 10 | 2020年12月 | 中国证监会 | 《可转换公司债券管理办法》 | 在公司可转债领域建立对程序化交易的监管制度 |
| 11 | 2020年12月 | 全国人民代表大会常务委员会 | 《中华人民共和国刑法修正案（十一）》 | 将不以成交为目的，频繁或者大量申报买入、卖出证券、期货合约并撤销申报的行为认定为操纵证券、期货市场的行为 |

附录一　我国关于程序化交易的法律法规、司法解释及交易所业务规则汇总

续表

| 序号 | 发布时间 | 发布主体 | 法律法规 | 主要内容 |
| --- | --- | --- | --- | --- |
| 12 | 2021年2月 | 上交所 | 《关于可转换公司债券程序化交易报告工作有关事项的通知》 | 根据《可转换公司债券管理办法》制定的上交所业务规则 |
| 13 | 2021年2月 | 深交所 | 《关于可转换公司债券程序化交易报告工作有关事项的通知》 | 根据《可转换公司债券管理办法》制定的深交所业务规则 |
| 14 | 2021年10月 | 中国证监会 | 《证券交易所管理办法》（2021年修订） | 要求证券交易所制定业务规则，对程序化交易进行监管 |
| 15 | 2021年11月 | 中基协 | 《关于上线"量化私募基金运行报表"的通知》 | 要求基金管理人按月报送关于基金量化策略的相关信息 |
| 16 | 2021年11月 | 中国证券业协会 | 《关于开展证券公司量化交易数据信息报送工作的通知》 | 从事量化交易的证券公司需按月报送量化交易数据 |
| 17 | 2022年4月 | 全国人民代表大会常务委员会 | 《中华人民共和国期货和衍生品法》 | 通过计算机程序自动生成或者下达交易指令进行程序化交易的，应当符合国务院期货监督管理机构的规定，并向期货交易场所报告，不得影响期货交易场所的系统安全或者正常交易秩序 |
| 18 | 2022年8月 | 中国证监会 | 《期货公司分类监管规定》（2022年修正） | 将按规定报备客户的程序化交易账户作为评价期货公司风险管理能力的指标 |

附录二/Appendix Two

# 常见量化基金运营的场内标准化产品收入的增值税影响汇总

量化基金的投资标的种类较多，下表梳理了量化基金可能投资的场内标准化资管产品收入的增值税影响。

| 投资分类 | 投资子分类 | 收入类型 | 增值税应税范围 | 税收法规 | 税收争议点 |
|---|---|---|---|---|---|
| 现金类 | 托管户银行存款/定期存款/通知存款/协议存款/各类交易保证金/认申购款等各类性质的存款 | 利息收入 | 不应税 | 财税〔2016〕36号文附件2《营业税改征增值税试点有关事项的规定》第一条第（二）项，存款利息属于增值税不应税项目，即不征收增值税。 | |
| | 各类交易结算备付金 | 利息收入 | 应税 | 《销售服务、无形资产、不动产注释》（财税〔2016〕36号）第一条第（五）项第1点，各种占用、拆借资金取得的收入，包括金 | 有观点认为交易结算备付金属于银行存款，不应对其利息收入征收增值税。 |

续表

| 投资分类 | 投资子分类 | 收入类型 | 增值税应税范围 | 税收法规 | 税收争议点 |
|---|---|---|---|---|---|
| 现金类 | 各类交易结算备付金 | 利息收入 | 应税 | 融商品持有期间（含到期）利息（保本收益、报酬、资金占用费、补偿金等）收入，信用卡透支利息收入、买入返售金融商品利息收入、融资融券收取的利息收入，以及融资性售后回租、押汇、罚息、票据贴现、转贷等业务取得的利息及利息性质的收入，按照贷款服务缴纳增值税。 | 有观点认为交易结算备付金属于银行存款，不应对其利息收入征收增值税。 |
| 股票类 | 沪深交易所股票/港股通股票/新三板股票/北京交易所股票/存托凭证 | 红利收入 | 不应税 | 财税〔2016〕140号文第一条，《销售服务、无形资产、不动产注释》（财税〔2016〕36号）第一条第（五）项第1点所称"保本收益、报酬、资金占用费、补偿金"，是指合同中明确承诺到期本金可全部收回的投资收益。金融商品持有期间（含到期）取得的非保本的上述收益，不属于利息或利息性质的收入，不征收增值税。 | |

续表

| 投资分类 | 投资子分类 | 收入类型 | 增值税应税范围 | 税收法规 | 税收争议点 |
|---|---|---|---|---|---|
| 股票类 | 沪深交易所股票/港股通股票/北京交易所股票 | 差价收入 | 应税 | 《销售服务、无形资产、不动产注释》（财税〔2016〕36号文附件1）第一条第（五）项第4点，金融商品转让，是指转让外汇、有价证券、非货物期货和其他金融商品所有权的业务活动。 | 私募证券投资基金是否能够适用财税〔2016〕36号文规定的证券投资基金（封闭式证券投资基金、开放式证券投资基金）管理人运用基金买卖股票、债券免税的政策，有待明确。部分观点认为私募证券投资基金可以适用证券投资基金免税政策。 |
| | 新三板股票 | 差价收入 | 不应税（认定为股权）；应税（认定为股票，不适用证券投资基金身份） | 同上。 | 对于私募证券投资基金是否适用证券投资基金（封闭式证券投资基金、开放式证券投资基金）管理人运用基金买卖股票、债券免税的政策，各省市税务机关的看法不一，税务处理有待明确。另有观点认为新三板股票属于未上市股权，因此其转让差价收入不属于增值税征收范围。 |

续表

| 投资分类 | 投资子分类 | 收入类型 | 增值税应税范围 | 税收法规 | 税收争议点 |
|---|---|---|---|---|---|
| 股票类 | 存托凭证 | 差价收入 | 应税 | 《销售服务、无形资产、不动产注释》（财税〔2016〕36号文附件1）第一条第（五）项第4点，金融商品转让，是指转让外汇、有价证券、非货物期货和其他金融商品所有权的业务活动。《关于创新企业境内发行存托凭证试点阶段有关税收政策的公告》（财政部 税务总局 证监会公告2019年第52号），自试点开始之日起，对公募证券投资基金（封闭式证券投资基金、开放式证券投资基金）管理人运营基金过程中转让创新企业CDR取得的差价收入，三年内暂免征收增值税。本公告所称试点开始之日，是指首只创新企业CDR取得国务院证券监督管理机构的发行批文之日。 | |
| 债券类 | 国债/地方政府债 | 利息收入 | 免税 | 《营业税改征增值税试点过渡政策的规定》（财税〔2016〕36号文附件3）第一条第（十九）项，国债、地方政府债利息收入免征增值税。 | |

续表

| 投资分类 | 投资子分类 | 收入类型 | 增值税应税范围 | 税收法规 | 税收争议点 |
|---|---|---|---|---|---|
| 债券类 | 金融债/政策性金融债/同业存单 | 利息收入 | 应税 | 财税〔2016〕46号文第一条规定，金融机构持有政策性金融债券取得的利息收入，财税〔2016〕70号文第一条规定，金融机构持有金融债券、同业存单取得的利息收入，属于《营业税改征增值税试点过渡政策的规定》（财税〔2016〕36号文附件3）第一条第（二十三）项所称的金融同业往来利息收入，免征增值税。 | 有观点认为私募基金可以适用金融同业免税政策，实际操作中对上述观点存在争议。 |
| | 央行票据 | 利息收入 | 应税 | | 首先，私募基金是否适用金融同业免税政策存在争议。其次，央行票据能否归类为财税〔2016〕70号文金融债券的免税范畴有待明确。 |
| | 公司债/企业债/中小企业私募债/次级债/可转换债/可交换债/分离交易可转债/中期票据/短期融资券/资产支持证券（优先级保本收益） | 利息收入 | 应税 | 《销售服务、无形资产、不动产注释》（财税〔2016〕36号文附件1）第一条第（五）项第1点，各种占用、拆借资金取得的收入按照贷款服务缴纳增值税。 | |

续表

| 投资分类 | 投资子分类 | 收入类型 | 增值税应税范围 | 税收法规 | 税收争议点 |
|---|---|---|---|---|---|
| 债券类 | 国债/地方政府债/金融债/政策性金融债/公司债/企业债/中小企业私募债/次级债/可转换债/可交换债/分离交易可转债 | 交易差价收入 | 应税 | 《营业税改征增值税试点过渡政策的规定》（财税〔2016〕36号文附件3），证券投资基金（封闭式证券投资基金、开放式证券投资基金）管理人运用基金买卖股票、债券免征增值税。 | 私募证券投资基金是否能够适用证券投资基金（封闭式证券投资基金、开放式证券投资基金）管理人运用基金买卖股票、债券免税的政策，有待明确。 |
|  | 同业存单/央行票据/中期票据/短期融资券/资产支持证券（优先级保本收益） | 交易差价收入 | 应税 | 同上。 | 私募证券投资基金是否能够适用证券投资基金（封闭式证券投资基金、开放式证券投资基金）管理人运用基金买卖股票、债券免税的政策，有待明确。另外，债券的范围是否包括所有在交易所债券市场和银行间债券市场发行的有价证券以及债务融资工具暂不明确。 |

续表

| 投资分类 | 投资子分类 | 收入类型 | 增值税应税范围 | 税收法规 | 税收争议点 |
|---|---|---|---|---|---|
| 债券类 | 资产支持证券（次级） | 利息收入 | 通常不应税 | 财税〔2016〕140号文第一条，《销售服务、无形资产、不动产注释》（财税〔2016〕36号文附件1）第一条第（五）项第1点所称"保本收益、报酬、资金占用费、补偿金"，是指合同中明确承诺到期本金可全部收回的投资收益。金融商品持有期间（含到期）取得的非保本的上述收益，不属于利息或利息性质的收入，不征收增值税。 | 通常资产支持证券次级投资无保本安排，因此相应不保本收益不征税。但如资产支持证券次级投资有保本安排，则需缴纳增值税。 |
| | 资产支持证券（次级） | 交易差价收入 | 应税 | 同上。 | 私募证券投资基金是否能够适用证券投资基金（封闭式证券投资基金、开放式证券投资基金）管理人运用基金买卖股票、债券免税的政策，有待明确。另外，债券的范围是否包括所有在交易所债券市场和银行间债券市场发行的有价证券以及债务融资工具暂不明确。 |

附录二 常见量化基金运营的场内标准化产品收入的增值税影响汇总

续表

| 投资分类 | 投资子分类 | 收入类型 | 增值税应税范围 | 税收法规 | 税收争议点 |
|---|---|---|---|---|---|
| 基金类（含场外公募基金） | 封闭式基金/普通开放式基金/货币基金/LOF/ETF | 红利收入 | 不应税 | 财税〔2016〕140号文第一条，《销售服务、无形资产、不动产注释》（财税〔2016〕36号文附件1）第一条第（五）项第1点所称"保本收益、报酬、资金占用费、补偿金"，是指合同中明确承诺到期本金可全部收回的投资收益。金融商品持有期间（含到期）取得的非保本的上述收益，不属于利息或利息性质的收入，不征收增值税。 | 如果投资的是保本基金，则需要缴纳增值税。 |
| | 封闭式基金/普通开放式基金/货币基金/LOF/ETF | 交易差价收入 | 应税 | 《销售服务、无形资产、不动产注释》（财税〔2016〕36号文附件1）第一条第（五）项第4点，金融商品转让，是指转让外汇、有价证券、非货物期货和其他金融商品所有权的业务活动。 | |
| | 封闭式基金/普通开放式基金/LOF/ETF | 到期赎回差价收入 | 不应税 | 财税〔2016〕140号文第二条，纳税人购入基金、信托、理财产品等各类资产管理产品持有至到期，不属于《销售服务、无形资产、不动产注释》（财税〔2016〕36号文附件1）第一条第（五）项第4点所称的金融商品转让。 | |

续表

| 投资分类 | 投资子分类 | 收入类型 | 增值税应税范围 | 税收法规 | 税收争议点 |
|---|---|---|---|---|---|
| 基金类（含场外公募基金） | 普通开放式基金/LOF/ETF | 非到期赎回差价收入 | 应税 | | 对于开放式产品的投资者在开放期间的赎回是否可被认为"持有至到期"暂不明确。 |
| 买入返售类 | 银行间买入返售金融资产 | 利息收入（对手方为非金融机构） | 应税 | 财税〔2016〕46号文第一条，金融机构开展质押式买入返售金融商品属于金融同业往来利息收入，免征增值税。<br>财税〔2016〕36号文附件3《营业税改征增值税试点过渡政策的规定》，证券投资基金属于金融机构。<br>财税〔2016〕70号文第一条，金融机构开展买断式买入返售金融商品属于金融同业往来利息收入，免征增值税。 | |
| | 银行间买入返售金融资产 | 利息收入（对手方为金融机构） | 应税 | 同上。 | 量化私募基金是否能够被视为证券投资基金有待明确。 |

续表

| 投资分类 | 投资子分类 | 收入类型 | 增值税应税范围 | 税收法规 | 税收争议点 |
|---|---|---|---|---|---|
| 买入返售类 | 交易所买入返售金融资产 | 利息收入 | 应税 | 同上。 | 量化私募基金是否能够被视为证券投资基金有待明确。有观点认为认定交易所买入返售金融资产，可认定中登为金融机构类交易对手方，因此量化公募基金可适用免税政策。目前尚不明确是否可以直接认定中登为交易对手方。 |
| 衍生品类 | 商品期货（未发生实物交割） | 交易差价收入 | 不应税 | 《销售服务、无形资产、不动产注释》（财税〔2016〕36号文附件1）第一条第五项第4点，金融商品转让，是指转让外汇、有价证券、非货物期货和其他金融商品所有权的业务活动。 | 货物期货应当征收增值税，但其增值税纳税义务发生时点为期货的实物交割环节。未发生实物交割的商品期货是否属于金融商品法规中并未明确。实际操作中，有人认为未发生实物交割不触发增值税纳税义务。如果因管理人操作问题发生实物交割，则需纳税。 |

续表

| 投资分类 | 投资子分类 | 收入类型 | 增值税应税范围 | 税收法规 | 税收争议点 |
|---|---|---|---|---|---|
| 衍生品类 | 贵金属（黄金交易所）延期交易（未发生实物交割） | 交易差价收入 | 免税 | 财税〔2002〕142号文，黄金交易所会员单位通过黄金交易所销售标准黄金（持有黄金交易所开具的《黄金交易结算凭证》），未发生实物交割的，免征增值税。财税〔2008〕5号文，上海期货交易所会员和客户通过上海期货交易所销售标准黄金（持上海期货交易所开具的《黄金结算专用发票》），发生实物交割但未出库的，免征增值税；发生实物交割并已出库的，由税务机关按照实际交割价格代开增值税专用发票，并实行增值税即征即退的政策，同时免征城市维护建设税和教育费附加。 | |
| | 贵金属（黄金交易所）延期交易 | 递延费收入 | 应税 | 《销售服务、无形资产、不动产注释》（财税〔2016〕36号文附件1）第一条第（五）项第1点，各种占用、拆借资金取得的收入按照贷款服务缴纳增值税。 | 递延费收入具有资金占用费的属性，实际操作中普遍认为应视同融资利息收入征税。 |

续表

| 投资分类 | 投资子分类 | 收入类型 | 增值税应税范围 | 税收法规 | 税收争议点 |
|---|---|---|---|---|---|
| 其他特殊业务类 | 债券到期兑付转出/债券回售转出/分期还本债券兑息转出/债转股 | 交易差价收入 | 不应税 | 根据财税〔2016〕140号文第二条，纳税人购入基金、信托、理财产品等各类资产管理产品持有至到期，不属于《销售服务、无形资产、不动产注释》（财税〔2016〕36号文附件1）第一条第（五）项第4点所称的金融商品转让。根据《证券投资基金增值税核算估值参考意见》，金融商品还本兑付、债券回售、债转股等行为不属于金融商品转让，不征收增值税。 | |
| | 转融通 | 利息收入 | 应税 | 《销售服务、无形资产、不动产注释》（财税〔2016〕36号文附件1）第一条第（五）项第1点，各种占用、拆借资金取得的收入，包括金融商品持有期间（含到期）利息（保本收益、报酬、资金占用费、补偿金等）收入、信用卡透支利息收入、买入返售金融商品利息收入、融资融券收取的利息收入，以及融资性售后回租、押汇、罚息、票据贴现、转贷等业务取得的利息及利息性质的收入，按照贷款服务缴纳增值税。 | |

附录三/*Appendix Three*
# 资管产品销售额确认及相关法规介绍

根据财税〔2017〕90号文规定,自2018年1月1日起,资管产品管理人运营资管产品提供的贷款服务、发生的部分金融商品转让业务,按照以下规定确定销售额:

- 提供贷款服务,以2018年1月1日起产生的利息及利息性质的收入为销售额;

- 转让2017年12月31日前取得的股票(不包括限售股)、债券、基金、非货物期货,可以选择按照实际买入价计算销售额,或者以2017年最后一个交易日的股票收盘价(2017年最后一个交易日处于停牌期间的股票,为停牌前最后一个交易日收盘价)、债券估值(中债金融估值中心有限公司或中证指数有限公司提供的债券估值)、基金份额净值、非货物期货结算价格作为买入价计算销售额。

针对上市公司股票转让价差确认问题,目前财政部、国家税务总局已出台多项政策明确各类情况下股票的买入价（详见下表）。其中值得注意的是，对限售股流通后对外转让买入价的确定，国家税务总局公告 2020 年第 9 号在国家税务总局公告 2016 年第 53 号中第五条的基础上，将限售股的实际成本价也纳入考虑范围，符合相应条件可以以实际成本价作为买入价计算缴纳增值税。

| 文件名称 | 具体内容 |
| --- | --- |
| 《国家税务总局关于营改增试点若干征管问题的公告》（国家税务总局公告 2016 年第 53 号） | 五、单位将其持有的限售股在解禁流通后对外转让的，按照以下规定确定买入价：<br>（一）上市公司实施股权分置改革时，在股票复牌之前形成的原非流通股股份，以及股票复牌首日至解禁日期间由上述股份孳生的送、转股，以该上市公司完成股权分置改革后股票复牌首日的开盘价为买入价。<br>（二）公司首次公开发行股票并上市形成的限售股，以及上市首日至解禁日期间由上述股份孳生的送、转股，以该上市公司股票首次公开发行（IPO）的发行价为买入价。<br>（三）因上市公司实施重大资产重组形成的限售股，以及股票复牌首日至解禁日期间由上述股份孳生的送、转股，以该上市公司因重大资产重组股票停牌前一交易日的收盘价为买入价。 |
| 《国家税务总局关于明确中外合作办学等若干增值税征管问题的公告》（国家税务总局公告 2018 年第 42 号） | 四、上市公司因实施重大资产重组形成的限售股，以及股票复牌首日至解禁日期间由上述股份孳生的送、转股，因重大资产重组停牌的，按照《国家税务总局关于营改增试点若干征管问题的公告》（国家税务总局公告 2016 年第 53 号）第五条第（三）项的规定确定买入价；在重大资产重组前已经暂停上市的，以上市公司完成资产重组后股票恢复上市首日的开盘价为买入价。 |

续表

| 文件名称 | 具体内容 |
| --- | --- |
| 《国家税务总局关于国内旅客运输服务进项税抵扣等增值税征管问题的公告》<br>（国家税务总局公告 2019 年第 31 号） | 十、关于限售股买入价的确定<br>（一）纳税人转让因同时实施股权分置改革和重大资产重组而首次公开发行股票并上市形成的限售股，以及上市首日至解禁日期间由上述股份孳生的送、转股，以该上市公司股票上市首日开盘价为买入价，按照"金融商品转让"缴纳增值税。<br>（二）上市公司因实施重大资产重组多次停牌的，《国家税务总局关于营改增试点若干征管问题的公告》（国家税务总局公告 2016 年第 53 号发布，国家税务总局公告 2018 年第 31 号修改）第五条第（三）项所称的"股票停牌"，是指中国证券监督管理委员会就上市公司重大资产重组申请作出予以核准决定前的最后一次停牌。 |
| 《国家税务总局关于明确二手车经销等若干增值税征管问题的公告》<br>（国家税务总局公告 2020 年第 9 号） | 四、单位将其持有的限售股在解禁流通后对外转让，按照《国家税务总局关于营改增试点若干征管问题的公告》（2016 年第 53 号）第五条规定确定的买入价，低于该单位取得限售股的实际成本价的，以实际成本价为买入价计算缴纳增值税。 |

图书在版编目（CIP）数据

中国量化投资/北京基金小镇研究院编著.--北京：中国人民大学出版社，2023.8
ISBN 978-7-300-31217-0

Ⅰ.①中… Ⅱ.①北… Ⅲ.①投资-量化分析-中国-研究生-教材 Ⅳ.①F832.48

中国版本图书馆 CIP 数据核字（2022）第 214708 号

### 中国量化投资
北京基金小镇研究院　编著
Zhongguo Lianghua Touzi

| | |
|---|---|
| 出版发行 | 中国人民大学出版社 |
| 社　　址 | 北京中关村大街 31 号　　邮政编码　100080 |
| 电　　话 | 010－62511242（总编室）　010－62511770（质管部） |
|  | 010－82501766（邮购部）　010－62514148（门市部） |
|  | 010－62515195（发行公司）　010－62515275（盗版举报） |
| 网　　址 | http://www.crup.com.cn |
| 经　　销 | 新华书店 |
| 印　　刷 | 天津中印联印务有限公司 |
| 开　　本 | 720 mm×1000 mm　1/16　　版　次　2023 年 8 月第 1 版 |
| 印　　张 | 16.5 插页 2　　　　　　　　　印　次　2023 年 8 月第 1 次印刷 |
| 字　　数 | 164 000　　　　　　　　　　 定　价　69.00 元 |

版权所有　侵权必究　　印装差错　负责调换